Субсидирование ископаемых видов топлива в странах Восточного партнерства ЕС

ОЦЕНКИ И ПОСЛЕДНИЕ ИЗМЕНЕНИЯ ЭНЕРГЕТИЧЕСКОЙ ПОЛИТИКИ

Данная работа публикуется под ответственность Генерального Секретаря ОЭСР. Изложенные в ней мнения и приводимая аргументация могут не отражать официальных взглядов правительств стран – членов ОЭСР.

Настоящий документ и любые содержащиеся в нем данные и карты не затрагивают статуса территорий и их суверенитета, делимитацию государственных границ и пограничных линий, а также названия территорий, городов и областей.

При цитировании просьба ссылаться на настоящую публикацию:
OECD (2021), *Субсидирование ископаемых видов топлива в странах Восточного партнерства ЕС: Оценки и последние изменения энергетической политики*, OECD Publishing, Paris, *https://doi.org/10.1787/71fba21a-ru*.

ISBN 978-92-64-95615-5 (печатное издание)
ISBN 978-92-64-44271-9 (pdf)

Сведения об авторах фото: Cover © Branislav Cerven/Shutterstock.com

Опечатки, которые имеются в опубликованных материалах, можно найти, пройдя по ссылке *www.oecd.org/about/publishing/corrigenda.htm*.
© ОЭСР 2021

Порядок использования данных материалов в электронном или печатном виде регулируется Условиями, которые можно найти, пройдя по ссылке *http://www.oecd.org/termsandconditions*.

Предисловие

В докладе представлены основные результаты анализа механизмов субсидирования ископаемых видов топлива в шести странах Восточного партнерства (ВП) Европейского союза: Армении, Азербайджане, Беларуси, Грузии, Республике Молдова и Украине. Кратко изложена методология, применяемая для выявления и оценки государственной поддержки производства и потребления ископаемых видов топлива. Также рассмотрены основные вопросы ценообразования и налогообложения в энергетике стран ВП, лежащие в основе обсуждения мер государственной поддержки в энергетике.

В 2018 году Организация экономического сотрудничества и развития (ОЭСР) опубликовала доклад *«Энергетические субсидии в странах Восточного партнерства ЕС»* для того, чтобы помочь правительствам стран ВП лучше понять воздействие субсидирования ископаемых видов топлива, оказываемое на экономику, социальную сферу и окружающую среду. В этом обзоре, который является первой комплексной оценкой такого рода в регионе ВП, проанализированы все типы энергетических субсидий, действующие в 2010-2015 годы. В частности, включены меры поддержки производства и потребления угля, нефти, нефтепродуктов (особенно используемых в транспортном секторе), природного газа, а также поддержки возобновляемых источников энергии и мер по повышению энергоэффективности.

В исследовании обновлены предыдущие оценки доклада 2018 года и представлены данные за 2016-2019 годы. Наряду с этим рассмотрены краткосрочные меры, связанные с пандемией COVID-19, принятые в 2020 году правительствами стран ВП для защиты производителей и потребителей в энергосекторе.

В исследовании проведена оценка двух основных типов субсидий на ископаемые виды топлива: прямых трансфертов средств производителям и потребителям, а также налоговых расходов и других выпадающих доходов бюджета. В приложениях приведены детальные оценки всех мер поддержки для каждой из стран.

Исследование опирается на общедоступные источники информации, такие как данные о государственных расходах, официальные документы по вопросам мониторинга субсидий, планирования бюджета и бюджетной отчетности, научные исследования и сообщения из средств массовой информации. Широкий круг источников использован для анализа общего контекста, современного состояния и механизмов постоянно меняющегося комплекса энергетических субсидий в странах региона. **Данные** и информация, использованные для анализа, **охватывают период до конца 2019 года**, если не указано иное.

Исследование проводилось при финансовой поддержке Европейского союза по программе «Европейский союз за окружающую среду» (EU4Environment) и Федерального министерства окружающей среды, охраны природы и безопасности ядерных реакторов Германии посредством его Международной климатической инициативы.

Мнения, выраженные в исследовании, принадлежат только его авторам и никоим образом не могут рассматриваться в качестве официальной позиции Европейского союза, его государств-членов, правительств стран ВП или партнеров по исполнению программы EU4Environment (ОЭСР, Европейской экономической комиссии ООН, Программы ООН по окружающей среде, Организации Объединенных Наций по промышленному развитию и Всемирного банка).

Исследование проводилось в рамках работы Специальной рабочей группы по «зеленым» действиям, функционирующей в составе Директората по охране окружающей среды ОЭСР.

Выражение признательности

Этот доклад является результатом совместной работы многих лиц и организаций, которым мы признательны за внесенный вклад.

Нелли Петкова (ОЭСР, Директорат по охране окружающей среды) руководила проектом и внесла вклад в подготовку доклада. Даниэль Фьертофт и Юлия Огаренко (Sigra Group) подготовили проект доклада. Данные и информация по отдельным странам собраны группой национальных экспертов. В нее вошли Ахмад Алили (Азербайджан), Тигран Секоян (Армения), Андрей Малочка (Беларусь), Гиорги Мухигулишвили (Грузия), Михай Рошкован (Молдова) и Юлия Огаренко (Украина).

Ряд государственных должностных лиц и консультантов стран Восточного партнерства Европейского союза (ВП) предоставили ценные предложения и комментарии к проекту доклада. В частности, Али Хасанли и Нурлана Гулиева (Министерство экономики Азербайджана); Артур Алексанян и Владимир Асеян (Министерство финансов Армении); Министерство экономики, Министерство энергетики и Министерство природных ресурсов и охраны окружающей среды Беларуси; Нино Ткхилава и Венера Метревели (Министерство охраны окружающей среды и сельского хозяйства Грузии); Мариана Ботезату (консультант из Молдовы). Из Украины ценные отзывы получены от Владимира Ткачука (Национальная комиссия, осуществляющая государственное регулирование в сферах энергетики и коммунальных услуг), Марины Людвенко (Министерство социальной политики), Ивана Гуменюка (Государственное агентство по энергоэффективности и энергосбережению), Алексея Волошина и Александра Мельниченко (Секретариат Кабинета министров Украины), Бориса Додонова (консультанта).

Многие эксперты ОЭСР принимали участие в проекте на разных этапах его осуществления. Авторы особенно признательны Марку Матео, ответственному за ведение базы данных ОЭСР по поддержке ископаемых видов топлива, за его рекомендации в отношении процесса сбора и оценки данных, а также содержательные замечания по проекту доклада. Ценные комментарии и рекомендации также предоставили Йонас Тойч (Центр налоговой политики и налогового администрирования ОЭСР), Таля Ватман (Международное энергетическое агентство (МЭА)) и Анжела Буларга (Европейская комиссия).

Авторы также выражают благодарность Куми Китамори, Кшиштофу Михалаку, Дэвиду Симеку, Изабелле Ньюиг и Гаю Халперну (Директорат по охране окружающей среды ОЭСР) за рецензирование и полезные комментарии в предыдущих версий доклада. Джонатан Райт оказывал общую административную поддержку в проведении этой работы, а также подготовил доклад к верстке. Мария Дюбуа помогала подготовить доклад к публикации, Наталья Чумаченко перевела доклад на русский язык. Марк Фосс помогал редактировать английскую версию доклада.

Выполнение проекта было бы невозможным без финансовой поддержки со стороны Европейского союза и Германии.

Содержание

Предисловие — 3

Выражение признательности — 5

Сокращения и акронимы — 11

Резюме — 13

1 Обзор текущего положения — 17
Для чего нужен мониторинг и оценка субсидий на ископаемые виды топлива? — 18
Вклад ОЭСР в отслеживание субсидий на ископаемые виды топлива — 20
Воздействие кризиса COVID-19 на рынки энергоресурсов и субсидии на ископаемые виды топлива — 21
Список источников — 23
Примечания — 24

2 Государственная поддержка производства и потребления ископаемых видов топлива в странах Восточного партнерства — 25
Методология выявления и оценки субсидий — 26
Количественная оценка субсидий на ископаемые виды топлива и темпы их реформирования в странах ВП — 30
Меры, связанные с пандемией COVID-19, в энергосекторе стран ВП — 44
Список источников — 46
Примечания — 49

3 Основные элементы политики ценообразования и налогообложения в энергетическом секторе стран Восточного партнерства — 51
Макроэкономические тенденции — 52
Энергетический баланс и энергопроизводительность — 55
Политика ценообразования в энергетике — 58
Основные элементы политики налогообложения в энергетическом секторе — 60
Список источников — 64
Примечания — 65

Приложение А. Обменные курсы валют — 67
Список источников — 68

Приложение Б. Субсидии на ископаемые виды топлива в Армении 69
   Список источников 71

Приложение В. Субсидии на ископаемые виды топлива в Азербайджане 72
   Список источников 74

Приложение Г. Субсидии на ископаемые виды топлива в Беларуси 75
   Список источников 77

Приложение Д. Субсидии на ископаемые виды топлива в Грузии 78
   Список источников 80

Приложение Е. Субсидии на ископаемые виды топлива в Молдове 81
   Список источников 83

Приложение Ж. Субсидии на ископаемые виды топлива в Украине 84
   Список источников 88

Приложение З. Меры, связанные с пандемией COVID-19 89
   Список источников 91

Приложение И. База данных ОЭСР по поддержке ископаемых видов топлива 92
   Разбивка данных по поддержке ископаемых видов топлива по секторам экономики в базе данных ОЭСР 92
   Список источников 95
   Примечания 95

Таблицы

Таблица 2.1. Количественная оценка субсидий на ископаемые виды топлива в странах ВП, бюджетные трансферты и налоговые расходы, 2010–2019 годы, в млн долл. США 32

Таблица 2.2. Количество зараженных COVID-19 и смертность на 100 000 человек по состоянию на 26 июля 2020 года и 30 апреля 2021 года 44

Таблица 3.1. Основные экономические показатели стран ВП в 2018 году 52

Таблица 3.2. Основные характеристики политики ценообразования на энергоносители в странах ВП по состоянию на конец 2019 года 58

Таблица 3.3. Ставки НДС и акциза на потребление энергоресурсов в странах ВП 62

Таблица А А.1. Обменные курсы валют, национальная валюта за 1 долл. США 67
Таблица А Б.1. Субсидии на ископаемые виды топлива в Армении, в млн драм 69
Таблица А В.1. Субсидии на ископаемые виды топлива в Азербайджане, в млн ман. 72
Таблица А Г.1. Субсидии на ископаемые виды топлива в Беларуси, в млн бел. руб. 75
Таблица А Д.1. Субсидии на ископаемые виды топлива в Грузии, в млн лари 78
Таблица А Е.1. Субсидии на ископаемые виды топлива в Молдове, в млн леев 81
Таблица А Ж.1. Субсидии на ископаемые виды топлива в Украине, в млн грн 84
Таблица А З.1. Основные меры поддержки, принятые правительствами стран ВП в энергетике в связи с пандемией COVID-19 89
Таблица А И.1. Отдельные теги для дезагрегирования по секторам мер поддержки ископаемых видов топлива 93

Рисунки

Рисунок 2.1. Количественная оценка субсидий на ископаемые виды топлива в странах ВП
по сравнению с предыдущей оценкой, в млн долл. США — 33

Рисунок 2.2. Оценки МЭА субсидий на ископаемые виды топлива в Азербайджане, в млрд реальных
долл. США 2018 года — 34

Рисунок 2.3. Оценки МЭА субсидий на ископаемые виды топлива в Украине, в млрд реальных долл.
США 2018 года — 35

Рисунок 2.4. Отношение задолженности ННГК к валовому государственному долгу, в % — 36

Рисунок 2.5. Дефицит/профицит государственного бюджета и количественная оценка субсидий на
ископаемые виды топлива как доля ВВП в 2018 году — 37

Рисунок 2.6. Количественная оценка субсидий на ископаемые виды топлива в странах ВП в разбивке
по типу энергоносителей в 2018 году, в млн долл. США — 38

Рисунок 2.7. Количественная оценка субсидий на ископаемые виды топлива в странах ВП в разбивке
по типам мер поддержки в 2018 году, в млн долл. США — 40

Рисунок 2.8. Количественная оценка субсидий на ископаемые виды топлива в странах ВП в разбивке
по показателям ОППр/ОППо, 2018 год, в млн долл. США — 41

Рисунок 3.1. ВВП на душу населения (в текущих долл. США, ППС) — 53

Рисунок 3.2. Структура экономики и доля денежных переводов от ВВП, 2018 год — 54

Рисунок 3.3. Общее предложение энергии в странах ВП в 2017 году, в млн т н.э. — 55

Рисунок 3.4. Энергопроизводительность в странах ВП, ВВП на единицу потребленной энергии,
постоянные долл. США 2011 г. (ППС) на кг нефтяного эквивалента — 57

Вставки

Вставка 2.1. Доступность данных и фискальная прозрачность в странах ВП — 29

Вставка 2.2. Долг субсидируемых национальных нефтегазовые компаний — 36

Вставка 2.3. Реформа программы субсидий на жилищно-коммунальные услуги для групп населения
с низкими доходами в Украине — 43

Вставка 3.1. Структура энергобаланса стран ВП — 56

Follow OECD Publications on:

 http://twitter.com/OECD_Pubs

http://www.facebook.com/OECDPublications

 http://www.linkedin.com/groups/OECD-Publications-4645871

 http://www.youtube.com/oecdilibrary

 http://www.oecd.org/oecddirect/

Сокращения и акронимы

АО	акционерное общество
бел. руб.	белорусский рубль
ВВП	валовый внутренний продукт
ВП	Восточное партнерство
ВТО	Всемирная торговая организация
долл. США	доллар США
ЕАЭС	Евразийский экономический союз
ЕС	Европейский союз
ИОПДО	Инициатива по обеспечению прозрачности в добывающих отраслях
КПГ	компримированный природный газ
ман.	Азербайджанский манат
млн т н.э.	миллион тонн нефтяного эквивалента
МЭА	Международное энергетическое агентство
н. д.	нет даты
н. п.	неприменимо
н. р.	нет расчетов
НАК	Национальная акционерная компания
НДС	налог на добавленную стоимость
ННГК	национальная нефтегазовая компания
ОНУВ	Определяемые на национальном уровне вклады

ОПОН	оценка поддержки общего назначения
ОППо	оценка поддержки потребителей
ОППр	оценка поддержки производителей
ОПЭ	общее предложение энергии
ОЭСР	Организация экономического сотрудничества и развития
ПАО	Публичное акционерное общество
ППС	паритет покупательной способности
СНГ	сжиженный нефтяной газ
ССКМ	Соглашение по субсидиям и компенсационным мерам
ТЭС	тепловая электростанция
ТЭЦ	теплоэлектроцентраль
грн	украинская гривна
ЦУР	цель в области устойчивого развития

Резюме

Существуют многочисленные документальные свидетельства того, что субсидии на производство и потребление ископаемых видов топлива искажают затраты и цены и ведут к неэффективному распределению ресурсов в экономике. Кроме того, сжигание ископаемых видов топлива увеличивает выбросы CO_2 и других парниковых газов (ПГ), а также ведет к загрязнению воздуха и возникновению проблем со здоровьем населения. Это может быть сопряжено с высокой ценой для общества.

Лица, ответственные за формирование политики, уже лучше информированы и более осведомлены о негативных фискальных, социальных, экологических и климатических последствиях государственной поддержки ископаемых видов топлива. Поэтому сокращение и реформирование отличающихся неэффективностью, вредных для окружающей среды субсидий на ископаемые виды топлива стало одним из ключевых вопросов политической повестки дня правительств стран во всем мире. Значение этой повестки особенно возросло за последние десять лет в связи с обсуждением вопросов изменения климата на международном уровне и процессом перехода к низкоуглеродной экономике. Однако субсидии на ископаемые виды топлива по-прежнему сохраняются, и их реформирование является сложным политическим вызовом.

Страны Восточного партнерства (ВП) Европейского союза (Армения, Азербайджан, Беларусь, Грузия, Республика Молдова (в дальнейшем «Молдова») и Украина не исключение. Однако для этого региона характерна ограниченная доступность данных и прозрачность по этому вопросу. При том, что ископаемые виды топлива продолжают преобладать в энергетике этого региона, общественное обсуждение негативных последствий государственной поддержки ископаемых видов топлива и преимуществ реформы носит ограниченный характер.

Доклад призван восполнить пробел в данных и обеспечить основу для обсуждения реформы субсидий на ископаемые виды топлива в странах ВП. Информация доступна в базе данных ОЭСР по государственной поддержке производства и потребления ископаемых видов топлива. Включение в нее стран ВП стало важной вехой в достижении прозрачности в этой сфере. Это является признанием усилий правительств стран ВП по раскрытию информации об объемах государственной поддержки, направляемой в энергетику.

В докладе проанализированы субсидии на ископаемые виды топлива, предоставленные производителям и потребителям угля, нефти и нефтепродуктов (особенно в транспортном секторе), природного газа, а также электроэнергии и тепловой энергии, произведенной на основе этих видов ископаемого топлива, в странах ВП. В исследовании обновлены предыдущие оценки субсидий в регионе ВП за 2010-2015 годы и представлены данные за 2016-2019 годы.

База данных ОЭСР по государственной поддержке производства и потребления ископаемых видов топлива и этот доклад сосредоточены на двух основных группах субсидий: (i) прямых трансфертах средств производителям и потребителям ископаемых видов топлива; (ii) налоговых расходах (то есть, уменьшении налоговых обязательств по сравнению с базовыми налоговыми ставками, например, снижение или освобождение от налога на добавленную стоимость (НДС) или акцизов на потребление топлива). Эти два типа субсидий напрямую затрагивают государственные бюджеты, тогда как другие (например, в форме установления тарифов на уровне ниже рыночного) в меньшей степени видны широкой общественности.

Основные выводы

В Украине действует наибольшее количество мер поддержки

В ходе анализа в странах ВП выявлено 65 мер в форме прямых трансфертов средств и налоговых расходов (выпадающих доходов). В Украине выявлено наибольшее число мер поддержки (26), в Армении – наименьшее (6). В каждой из остальных четырех стран насчитывается от 7 до 10 субсидий.

Субсидии на ископаемые виды топлива в форме бюджетных трансфертов и выпадающих доходов сократились в половине стран

Анализ ситуации четко демонстрирует, что в Армении, Грузии и Украине сокращаются субсидии на ископаемые виды топлива в форме бюджетных трансфертов и выпадающих доходов. В Армении субсидии на ископаемые виды топлива достигли пика в 2013 и 2014 годах и составляли 42 млн долл. США. В 2019 году они уменьшились до 5 млн долл. США, поскольку большинство механизмов субсидирования было упразднено.

В Грузии в 2013 году субсидии, количественная оценка которых оказалась возможной, составляли 33 млн долл. США. В 2019 году они сократились до 15 млн долл. США, хотя были введены новые программы социальной поддержки населения.

В Украине объем субсидирования в форме бюджетных трансфертов и налоговых расходов составил более 5 млрд долл. США в 2012 году, но к 2019 году сократился на более чем 50%. Вместе с тем, субсидии остаются значительными (2.2 млрд долл. США в 2019), существенно превышая объём субсидирования в других странах ВП, в том числе и в относительном выражении (как доля ВВП). Это указывает на то, что правительству Украины еще предстоит проделать большую работу по реформированию энергетических субсидий.

В Молдове объём субсидирования существенно колебался на протяжении анализируемого периода. Пробелы в данных, необходимых для оценки субсидий на ископаемые виды топлива, не позволяют отследить четкую тенденцию в случае Азербайджана и Беларуси.

Бюджетные трансферты являются основной формой субсидирования ископаемых видов топлива в большинстве стран ВП

Бюджетные трансферты преобладают в большинстве стран ВП. В Молдове основным механизмом субсидирования служат налоговые расходы в форме поддержки населения и государственных учреждений посредством сниженных ставок НДС на потребление природного газа, тепловой и электрической энергии, а также сжиженного нефтяного газа (СНГ).

Доля субсидий на ископаемые виды топлива от ВВП наибольшая в Украине и Азербайджане

В относительном выражении при сопоставлении субсидий на ископаемые виды топлива (бюджетных трансфертов и налоговых расходов) как доли валового внутреннего продукта (ВВП) с величиной дефицита государственного бюджета стран ВП в 2018 году, Украина и Азербайджан выделяются больше всего. В Украине субсидии на ископаемые виды топлива достигли 2.3% ВВП и превысили дефицит бюджета в размере 1.9% ВВП. Аналогичным образом в Азербайджане в 2018 году субсидии составляли почти 2% ВВП и превышали дефицит бюджета в размере 0.3%. Это указывает на наличие значительного потенциала для проведения реформ. Сокращение субсидий на ископаемые виды топлива поможет облегчить бремя для бюджета и уменьшить дефицит. Сэкономленные средства можно перераспределять на другие социальные и экологические государственные приоритеты.

Большинство субсидий предоставляется в жилищно-коммунальном секторе и направлено на поддержку потребления природного газа

Большинство мер поддержки предоставляется в жилищно-коммунальном секторе. Наряду с этим важное место занимает поддержка потребления природного газа, который в этом регионе является основным топливом для производства электрической и тепловой энергии. Субсидии, предоставляемые посредством заниженных тарифов, часто приносят выгоду всем бытовым потребителям, а не только социально уязвимым домохозяйствам.

Цены на энергоресурсы в странах ВП до сих пор в значительной степени регулируются государством

Анализ политики ценообразования и налогообложения в энергетике лежит в основе оценки субсидий на ископаемые виды топлива, поскольку большинство мер поддержки в энергосекторе предоставляется посредством тарифного регулирования или налоговых льгот. Цены на энергоносители в странах ВП в значительной степени регулируются государством. Установление тарифов ниже рыночных стимулирует повышенное потребление ископаемых видов топлива и приводит к «косвенному» субсидированию, которое сложно оценить и реформировать. В наименьшей степени государственным регулированием затронут рынок жидких нефтепродуктов. В то же время страны ВП приняли меры по рационализации и упрощению налоговых систем. Это, в свою очередь, привело к увеличению собираемости налогов и повышению прозрачности практики налогообложения.

Политика субсидирования изменилась, проведен ряд реформ

За четыре года, охваченных анализом, механизмы субсидирования ископаемых видов топлива в странах ВП существенно изменились. Несколько мер упразднено, при этом введены новые механизмы. Примеры таких изменений:

- В 2016 году правительство Армении упразднило освобождение от акциза на компримированный природный газ (субсидия составляла примерно 9 млн долл. США в год). Год спустя отменено освобождение от НДС импортного дизельного топлива (субсидия составляла 17.6 млрд долл. США).
- В январе 2016 года Беларусь отменила освобождение от НДС на электроэнергию и природный газ для населения, что положило конец субсидии стоимостью 200 млн долл. США в год.
- Правительство Грузии ввело новые бюджетные трансферты для предоставления субсидий на газ населению, живущему на границе с Абхазией и Южной Осетией. Наряду с этим предоставляются субсидии на электроэнергию семьям с четырьмя и более детьми, другим социально уязвимым потребителям и населению в высокогорных районах. Тем не менее, объём субсидирования уменьшился в течение 2016-2019 годов по сравнению с предыдущим периодом (2013-2015 годы), когда субсидии достигли пика.
- В Украине упразднено несколько программ бюджетных расходов, при этом вводились специальные меры для решения проблем, связанных с чрезвычайными ситуациями и задолженностями госпредприятий в энергетике.

Основные рекомендации

Применение комплексного подхода к реформированию субсидий на ископаемые виды топлива

Реформирование субсидий на ископаемые виды топлива имеет ключевое значение для сокращения выбросов ПГ и, следовательно, для достижения климатических целей. Правительствам стран этого региона следует опираться на уже проведенные реформы, но дальнейшие шаги по реформированию субсидий необходимо разрабатывать более комплексно. Субсидии на ископаемые виды топлива, как правило, являются проблемой, решение которой требует долгосрочного и структурного подхода. Реформа должна быть хорошо спланирована при четком понимании ее кратко- и более долгосрочных последствий. Опыт многих стран показывает, что целенаправленные меры поддержки (например, уязвимых групп населения) дают хорошие результаты и обеспечивают большую финансовую доступность энергоресурсов, чем неадресные субсидии для всех независимо от уровня дохода. Прозрачность и диалог заинтересованных сторон являются краеугольным камнем реформирования субсидий.

Анализ мер по восстановлению экономики, принятых для преодоления последствий пандемии COVID-19

Кризис 2020 года, вызванный пандемией COVID-19, привел к глубокому осознанию возможности реформирования субсидий. Для преодоления кризиса правительствам необходимо мобилизовать значительные дополнительные средства для поддержки систем здравоохранения и экономики. Правительства стран ВП отреагировали оперативно, стремясь защитить граждан и предприятия путем принятия принципиально важных пакетов мер по оказанию экстренной финансовой помощи и восстановлению экономики. Анализ показывает, что большинство таких мер в энергетике сконцентрировано в секторе конечного потребления электроэнергии. Именно в этом секторе страны и предприятия коммунального обслуживания брали на себя дополнительные обязательства для предупреждения возникновения чрезвычайных ситуаций во время кризиса. В частности, такими обязательствами являются приостановка взыскания пени за несвоевременные платежи, оказание дополнительной помощи с оплатой счетов, запреты на отключение потребителей, имеющих задолженность по оплате счетов. Целесообразность таких мер в краткосрочной перспективе очевидна. Вместе с тем правительствам следует пересматривать эти меры, чтобы они не переросли в долгосрочные неэффективные программы субсидирования.

Проведение дальнейшего исследования «вторичных трансфертов»

Дискуссия в отношении энергетических субсидий в странах ВП и их реформирования тесно связана с сохранением социальных тарифов на уровне ниже рыночного. Любой анализ будет неполным без оценки этих «вторичных трансфертов». Они, как правило, связаны с законодательными обязательствами энергокомпаний предоставлять продукцию или услуги определенным категориям потребителей (например, уязвимым группам населения) по ценам ниже рыночных. Для получения полной картины субсидирования ископаемых видов топлива необходимо провести дополнительный анализ по вопросу вторичных трансфертов.

Повышение прозрачности и качества отчетности

Официальная отчетность органов государственного управления по субсидиям на ископаемые виды топлива в странах ВП остается весьма ограниченной. Повышение прозрачности данных по субсидиям на ископаемые виды топлива (в частности, по налоговым расходам в энергетике), и доверия к ним поможет лицам, ответственным за формирование политики, и широкой общественности эффективнее планировать реформирование субсидий. Эта работа может принести значительную дополнительную пользу в случае, если будет проведена странами самостоятельно.

Использование этого исследования для выполнения международных обязательств по представлению отчетности

Страны ВП представляют данные по субсидиям на ископаемые виды топлива в рамках отчётности по Целям в области устойчивого развития (ЦУР) Организации Объединенных Наций, а также отчетности стран-членов Всемирной торговой организации (ВТО). Правительства стран ВП могут рассмотреть использование данных и оценок, приведенных в докладе ОЭСР, в качестве отправной точки для выполнения международных обязательств.

1 Обзор текущего положения

В главе представлены основные вопросы, которые легли в основу анализа и обсуждения субсидий на ископаемые виды топлива и их реформирования. Рассматривается необходимость мониторинга, оценок субсидий на ископаемые виды топлива, в том числе сложности отказа от субсидий, после их введения. Описаны движущие силы реформы субсидий: международные рамочные условия, такие как Цели в области устойчивого развития, Парижский саммит по изменению климата и Европейский «зеленый» курс. Представлены две взаимодополняющие базы данных, разработанные ОЭСР и МЭА для отслеживания государственной поддержки производства и потребления ископаемых видов топлива. Глава завершается обсуждением кризиса, связанного с пандемией COVID-19, и его влияния на рынки энергоресурсов и субсидии на ископаемые виды топлива.

Для чего нужен мониторинг и оценка субсидий на ископаемые виды топлива?

За последние десять лет обсуждение субсидий на ископаемые виды топлива значительно активизировалось. Правительства стран лучше информированы и осведомлены о потенциально негативных фискальных, социальных, экологических и климатических последствиях этих субсидий.

Государственная поддержка производства и потребления ископаемых видов топлива, как правило, используется с лучшими намерениями. Она обычно призвана помочь малоимущим и обеспечить им доступ к недорогим энергоресурсам, способствовать развитию сельских районов и промышленности, создать рабочие места, а также обеспечить энергетическую безопасность и энергетическую независимость страны. Однако часто конечные результаты могут отличаться от ожидаемых.

Как и в случае всех других субсидий, субсидии на производство и потребление ископаемых видов топлива искажают затраты и цены, а также ведут к неэффективному распределению ресурсов в экономике. Сохранение цен на энергоносители на низком уровне увеличивает потребление энергии, способствует использованию ископаемых видов топлива и сдерживанию развития низкоуглеродной генерации. Такие субсидии подрывают развитие и коммерциализацию технологий в области возобновляемой энергетики и других альтернативных технологий производства энергии. Это приводит к увеличению выбросов CO_2 и других парниковых газов (ПГ), а также созданию невостребованных активов[1]. Сжигание ископаемых видов топлива повышает уровень загрязнения воздуха и ухудшает здоровье населения, что может быть сопряжено с высокой ценой для общества.

Существуют многочисленные документальные свидетельства того, что неадресные субсидии на ископаемые виды топлива для потребителей приносят большую выгоду богатым, чем малоимущим (Javier et al., 2012[1]). Со стороны производителей субсидии на ископаемые виды топлива часто направляются крупнейшим и наиболее сильным в экономическом отношении получателям и, таким образом, увеличивают прибыль инвесторов и отраслей с хорошими связями. И действительно, в энергетике широко распространены лоббирование и коррупция.

Внедренные механизмы субсидирования могут сохраняться в течение длительного времени, не подвергаясь реформированию и отмене. В результате, они могут в значительной степени истощать государственный бюджет и вести к существенной фискальной нагрузке. Это также может снизить государственное финансирование более важных социальных приоритетов (таких как здравоохранение и образование) или других экологически чистых источников энергии.

Субсидии на ископаемые виды топлива популярны и привлекательны в политическом отношении, но их часто трудно реформировать или отменить. Процесс реформы субсидий на ископаемые виды топлива является весьма политизированным и требует поддержки на высоком уровне и слаженных усилий органов государственного управления. Необходимо продемонстрировать твердую политическую волю и принимать жесткие решения, которые принесут пользу обществу.

Инвестирование времени, ресурсов для выявления и оценки субсидий на ископаемые виды топлива, а также потенциального влияния их реформы на группы населения с различным уровнем доходов может быть полезным. Эти усилия позволят лицам, ответственным за формирование политики, принимать более обоснованные решения о реформировании субсидий. Оценки также помогут предоставить разъяснения относительно субсидий и их воздействия заинтересованным сторонам. Это имеет особо важное значение для групп населения, на которых реформа субсидий может оказать негативное влияние.

Реформу субсидий на ископаемые виды топлива необходимо детально спланировать, при этом должно быть четкое понимание ее кратко- и более долгосрочных последствий. Опыт многих стран показывает, что целенаправленные меры поддержки, призванные помочь, например, уязвимым группам населения, дают хорошие результаты и обеспечивают большую финансовую доступность энергоресурсов, чем неадресные субсидии, предоставляемые всем. Обеспечение прозрачности и диалога заинтересованных сторон – краеугольный камень реформы субсидий (OECD, 2013[2]). Осведомленность и понимание механизмов субсидирования на основе достоверных данных способствует прозрачности и принятию обоснованных решений.

Значительная часть дискуссий о реформе субсидий на ископаемые виды топлива сосредоточена на международном уровне. Необходимость выявления и оценки таких субсидий часто обусловлена международными процессами. Их реформирование и поэтапное упразднение лежит в основе борьбы с изменением климата и достижения нетто-нулевых выбросов. Однако ни одна из стран Восточного партнерства Европейского союза (ВП ЕС) не включила такую цель в Определяемые на национальном уровне вклады (ОНУВ), подготовленные к Парижскому саммиту по изменению климата в декабре 2015 года.

Принимая во внимание различные негативные последствия субсидий на ископаемые виды топлива, задача их реформирования сформулирована как одна из целей в области устойчивого развития (ЦУР). ЦУР 12 («Обеспечение перехода к рациональным моделям потребления и производства») и связанная с ней задача 12.c2 и показатель 12.c.13 сосредоточены на рационализации и поэтапном упразднении экологически вредных и неэффективных субсидий на ископаемые виды топлива, ведущих к их расточительному потреблению (United Nations, 2017[3]). Как ожидается, правительства всех стран будут подавать отчетность о ходе достижения ЦУР, в частности, о поэтапном упразднении таких субсидий. Кроме того, субсидии являются важным вопросом в рамках переговоров Всемирной торговой организации (ВТО). Государства-члены ВТО, в число которых входит большинство стран ВП, обязались представлять отчетность по субсидиям в соответствии с Соглашением по субсидиям и компенсационным мерам (ССКМ) (WTO, 1996[4]). Страны ВП могут использовать данные и оценки, подготовленные в докладе ОЭСР, с целью составления отчетности по субсидиям на ископаемые виды топлива в рамках ЦУР и ВТО.

Европейским «зеленым» курсом (ЕС, 2019[5]), новой стратегией экономического роста ЕС, предусмотрен ряд инициатив с целью достижения климатической нейтральности Европы к 2050 году. Некоторые из основных мер «Зеленого» курса включают упразднение субсидий на ископаемые виды топлива и перенос налогового бремени с оплаты труда на загрязнение окружающей среды с учетом социальных последствий.

Европейский союз и его государства-члены не отказались от цели 2050 года из-за пандемии коронавируса. Однако необходимо решить проблему воздействия пандемии COVID-19 на углеродное ценообразование, которое может обеспечить получение доходов для финансирования мер по «зеленому» восстановлению экономики. Установление цены на выбросы углерода может применяться наряду с «зеленым» стимулированием для содействия инвестициям в экологически чистые технологии и госпрограммам по поддержке успешного долгосрочного восстановления экономики (Pilichowski and Saint-Amans, 2020[6]). Европейский союз твердо намерен усилить поддержку странам ВП для сокращения субсидий на ископаемые виды топлива.

Субсидии на ископаемые виды топлива возможно будет легче реформировать при давлении со стороны других стран на международном уровне и доступе к международному опыту. Страны ВП могут и должны извлекать пользу из этих возможностей для дальнейшего проведения реформ.

Вклад ОЭСР в отслеживание субсидий на ископаемые виды топлива

На протяжении ряда лет ОЭСР ведет масштабную работу по анализу мер государственной поддержки в странах-членах ОЭСР, а также нескольких крупнейших странах с быстро растущей экономикой, входящих в «Большую двадцатку» (Бразилия, Индия, Индонезия, Китайская Народная Республика, Российская Федерация и ЮАР). Недавно ОЭСР и Международное энергетическое агентство (МЭА) запустили две взаимоисключающие, но дополняющие друг друга онлайн базы данных по государственной поддержке производства и потребления ископаемых видов топлива[4]. Базы данных обновляются раз в два года.

МЭА и ОЭСР проводят количественную оценку субсидий на ископаемые виды топлива по-разному. МЭА применяет метод ценовой разницы (price gap) для оценки субсидирования потребителей угля, нефти, природного газа и электроэнергии. Он основывается на оценке разницы цен на энергоносители на внутреннем и международном рынках. ОЭСР использует подход «снизу вверх». Он предполагает инвентаризацию конкретных механизмов субсидирования производства и потребления энергии, количественную оценку поддержки в рамках каждого механизма и суммирование полученных величин для оценки общего объема субсидий.

Подход ОЭСР охватывает более широкий набор мер, в том числе те, которые не снижают потребительские цены ниже рыночных. Он основывается на широком понятии поддержки, охватывающем прямые бюджетные трансферты и налоговые расходы. Эти меры обеспечивают выгоду или экономическое преимущество производителям или потребителям ископаемых видов топлива в абсолютном выражении либо по сравнению с другими видами деятельности/продукции.

В 2018 году Секретариат ОЭСР подготовил исследование *Энергетические субсидии в странах Восточного партнерства ЕС* на основе методологии как ОЭСР, так и МЭА. Доклад охватил шесть стран региона (Армению, Азербайджан, Беларусь, Грузию, Республику Молдова (в дальнейшем «Молдова») и Украину). Исследование подготовлено в рамках проекта «Экологизация экономики стран Восточного партнерства ЕС», который финансировался Европейским союзом.

В докладе «Энергетические субсидии в странах ВП» (OECD, 2018[7]), который охватывает 2010-2015 года, представлено первое систематическое и комплексное описание энергетических субсидий в странах ВП. В исследовании представлены количественные оценки государственной поддержки, оказываемой производителям и потребителям угля, нефти и нефтепродуктов, природного газа, а также учтены электроэнергия и тепловая энергия, произведенные на основе этих видов ископаемого топлива. Также рассмотрены меры поддержки энергоэффективности и возобновляемых источников энергии (ВИЭ) в странах ВП. Кроме того, обсуждаются вопросы ценообразования и налогообложения в энергетике стран ВП, лежащие в основе анализа энергетических субсидий.

Анализ 2018 года показал, что, хотя энергосистемы стран ВП были в значительной степени реформированы и реструктурированы, энергетические субсидии продолжают играть важную роль в энергетической политике. На протяжении 2010–2015 годов все страны ВП поддерживали производство и потребление ископаемых видов топлива. Большая часть субсидий предоставляется в интересах бытовых потребителей. В связи с этим установление цен на энергоресурсы для населения на уровне ниже рыночного – наиболее значительная форма энергетических субсидий. Их основной объем приходится на природный газ, который преобладает в структуре топливно-энергетического баланса стран ВП и используется для производства тепла и электроэнергии.

После проведения этой работы Секретариат ОЭСР принял решение включить информацию о мерах поддержки ископаемых видов топлива в странах ВП в базу данных ОЭСР-МЭА по субсидиям на ископаемые виды топлива, что является важной вехой в достижении прозрачности в этой сфере. Это признание усилий правительств стран ВП по раскрытию информации об объемах государственной поддержки энергетики.

Воздействие кризиса COVID-19 на рынки энергоресурсов и субсидии на ископаемые виды топлива

Все страны пострадали от кризиса, связанного с пандемией COVID-19, когда проблемы в сфере здравоохранения привели к социально-экономическому кризису. Все правительства в качестве первоочередной задачи стремились спасти жизни людей и не допустить того, чтобы экономика погрузилась в глубокую рецессию. Чтобы смягчить последствия этого двойного кризиса, правительства приняли пакеты мер по восстановлению экономики для оказания поддержки населению и предприятиям.

Пандемия коронавируса существенно повлияла на ситуацию на глобальных рынках энергоресурсов: в том числе, вызвала обвал цен на нефть и их снижение на другие виды ископаемого топлива. Глобальная остановка экономической деятельности в 2020 году привела к резкому сокращению потребления энергоресурсов и снижению выбросов ПГ.

В 2020 году глобальный спрос на энергоресурсы упал на 4% – это наибольшее сокращение со времен Второй мировой войны и крупнейшее в истории падение в абсолютном выражении (IEA, 2021[8]). Сильно пострадали рынки нефти и угля, спрос на которые в течение года снизился почти на 9% и 4%, соответственно. Спрос на природный газ сократился лишь на 2%. В то время как спрос на энергоресурсы, в общем, сократился, использование возобновляемой энергии возросло на 3%. Это связано, в основном, с увеличением производства солнечной и ветровой электроэнергии, рост которых составил 12% и 23%, соответственно.

В результате сокращения спроса на энергоресурсы в 2020 году, глобальные выбросы CO_2 снизились на 5.8%, что названо крупнейшим в истории снижением выбросов (IEA, 2021[8]). Вместе с тем ожидается, что спрос на уголь, нефть и газ восстановится в условиях экономического подъема. Следовательно, прогнозируется, что в 2021 году глобальные выбросы CO_2, связанные с энергосектором, возрастут на 4.8%. Это предполагаемое увеличение выбросов подчеркивает необходимость дальнейших усилий по декарбонизации экономики и инвестированию в экологически чистую и более устойчивую энергетическую инфраструктуру.

В условиях, когда карантинные меры и запреты на поездки привели к значительному снижению глобального спроса на энергоресурсы, цены на нефть упали до беспрецедентно низких уровней. В марте 2020 года впервые в истории цены на сырую нефть упали до уровня ниже нуля, после чего в апреле 2021 года восстановились до более чем 60 долл. США за баррель.

Низкий уровень потребления в сочетании с низкими ценами на нефть сеяли хаос на рынках энергоресурсов. По оценкам МЭА, в 2020 году производители нефти и газа могли потерять от 50% до 85% доходов. Более низкие цены на нефть пагубно сказались на странах, которые в значительной степени зависят от экспортных доходов нефтедобывающего сектора, а их государственные бюджеты – от высоких цен на нефть.

Обвал цены на нефть в начале кризиса привел к снижению цен и на другие виды ископаемого топлива. Низкие цены на нефть в течение продолжительного времени могут нанести серьезный урон производителям газа, которые зависят от контрактов, привязанных к цене нефти. Вместе с тем низкие цены на газ могут упростить процесс перехода на это топливо в отраслях промышленности, которые обычно используют уголь. Это секторы от производства стали и цемента до генерации тепловой и электрической энергии. Пандемия коронавируса привела к снижению на 25% цен на уголь, сделав еще часть этой отрасли нерентабельной, в условиях, когда этот сектор и так подвергается жесткой критике в из-за пагубных последствий для окружающей среды (Wilson, 2020[9]).

В условиях относительно низких цен на топливо в 2020 году, пандемия COVID-19 негативно сказалась на новых инвестициях в энергосекторе. В документе (IEA, 2020[10]) отмечается, что «скорость и масштаб снижения инвестиционной активности в энергетике в первом полугодии 2020 года являются беспрецедентными». Вместе с тем важное исключение – инвестиции в возобновляемую энергетику. В 2020 году они составляли 359 млрд долл. США, увеличившись на 7% по сравнению с 2019 годом (IEA, 2021[11]). Более долгосрочное воздействие пандемии на инвестиции зависит от характера, темпов восстановления экономики и ответных политических мер, принятых на глобальном уровне для преодоления этого вызова.

Пандемия коронавируса оказала негативное влияние на цены ископаемых видов топлива, в то же время нарушив поставки оборудования и технологий в сфере возобновляемой энергетики. Несмотря на то, что остановка экономики Китайской Народной Республики в начале 2020 года была кратковременной, она привела к нарушению поставок солнечных панелей, которые, в основном, производятся в этой стране и экспортируются по всему миру. Низкие цены на ископаемые виды топлива в сочетании с экономическими трудностями могут побудить страны пересмотреть инвестиции в энергоэффективность и поддержку возобновляемых источников энергии, особенно в случаях, когда эти меры не выгодны государственным бюджетам (Wilson, 2020[9]).

Когда цены на ископаемые виды топлива беспрецедентно низки, правительства стран могут воспользоваться этой возможностью, чтобы поэтапно упразднить субсидии на ископаемые виды топлива. С одной стороны, в условиях низких цен субсидии на потребление легче сократить и страны могут использовать эту возможность для их реформирования. С другой стороны, когда цены низкие, именно производители нефти и газа обращаются к государству за помощью.

Низкие цены в сочетании с пандемией ведут к возникновению иных условий, когда граждане и компании с меньшей вероятностью будут возражать против поэтапного упразднения субсидий. Например, они могут признать, что сохранение субсидий ослабляет способность государства удовлетворять другие неотложные потребности, такие как здравоохранение и меры по стимулированию экономики. Таким образом, кризис может предоставить правительствам стран возможность перераспределить бюджетные средства на жизненно важные государственные услуги.

Вместе с тем сворачивание реформ субсидий на ископаемые виды топлива, когда цены на нефть снова будут повышаться, подорвет процесс реформ. К моменту, когда пакеты соответствующих мер по проведению реформ спланированы и готовы к реализации, цены зачастую восстанавливались. Это затрудняет успешное проведение реформ.

Вместо использования довода о низкой цене на нефть реформу лучше рассматривать в связи с двумя другими факторами. Во-первых, реформа может способствовать борьбе с изменением климата. Во-вторых, она может профинансировать «зеленые» меры путем согласования традиционных мер по стимулированию экономики с целями в области климата.

Правительствам, которые решают поэтапно упразднять субсидии на ископаемые виды топлива, следует делать это с учетом особенностей их стран. Беднейшие слои населения уже страдают в условиях пандемии. Сохранение оказываемой им поддержки или улучшение ее адресного охвата, вероятно, ослабит сопротивление общему процессу реформ субсидий на ископаемые виды топлива, а также уменьшит влияние на неравенство. Чтобы граждане по-прежнему поддерживали реформу субсидий по окончании пандемии, правительствам следует сохранить заметные улучшения в здравоохранении и других государственных услугах.

В условиях, когда правительства стран переходят от фазы оказания неотложной экстренной финансовой помощи к этапу стимулирования и восстановления экономики, у них имеется реальная возможность придать более «зеленый» характер пакетам восстановительных мер. Поэтапное упразднение субсидий на ископаемые виды топлива в сочетании с инструментами углеродного ценообразования и налогообложением топлива поможет согласовать ценовые сигналы с пакетами «зеленых» мер по восстановлению экономики, получать доходы для этих пакетов, а также финансировать долг, связанный с кризисом.

Список источников

EC (2019), *Communication from the Commission to the European Parliament, the European Council, the Council, the European Economic and Social Committee and the Committee of the Regions – The European Green Deal*, 11.12.2019, COM(2019) 640 Final, European Commission, Brussels, https://ec.europa.eu/info/sites/info/files/european-green-deal-communication_en.pdf. [5]

IEA (2021), *Global Energy Review 2021*, IEA, Paris, https://www.iea.org/reports/global-energy-review-2021. [8]

IEA (2021), *World Energy Investment 2021*, IEA, Paris, https://www.iea.org/reports/world-energy-investment-2021. [11]

IEA (2020), *World Energy Investment 2020*, IEA, Paris, https://www.iea.org/reports/world-energy-investment-2020. [10]

Javier, F. et al. (2012), "The unequal benefits of fuel subsidies: A review of evidence for developing countries", *World Development*, Vol. 40/11, pp. 2234-2248, https://doi.org/10.1016/j.worlddev.2012.05.005. [1]

OECD (2018), *Inventory of Energy Subsidies in the EU's Eastern Partnership Countries*, Green Finance and Investment, OECD Publishing, Paris, https://doi.org/10.1787/9789264284319-en. [7]

OECD (2013), *Analysing Energy Subsidies in the Countries of Eastern Europe, Caucasus and Central Asia*, OECD Publishing, Paris, https://www.oecd.org/env/outreach/EHS%20report_20%20August%202013_ENG.pdf. [2]

Pilichowski, E. and P. Saint-Amans (2020), "COVID-19 and the climate crisis: Combining green budgeting and tax policy tools for a better recovery", OECD Environmental Focus blog, https://oecd-environment-focus.blog/2020/10/29/covid-19-and-the-climate-crisis-combining-green-budgeting-and-tax-policy-tools-for-a-better-recovery/. [6]

United Nations (2017), *Work of the Statistical Commission Pertaining to the 2030 Agenda for Sustainable Development, 71/313 General Assembly 71st session*, UN General Assembly, Geneva, https://undocs.org/A/RES/71/313. [3]

Wilson, A. (2020), "Impact of coronavirus on energy markets", *At a Glance*, No. PE 649.372, European Parliamentary Research Service, Brussels, https://www.europarl.europa.eu/RegData/etudes/ATAG/2020/649372/EPRS_ATA(2020)649372_EN.pdf. [9]

WTO (1996), *Agreement on Subsidies and Countervailing Measures*, World Trade Organization, Geneva, https://www.wto.org/english/docs_e/legal_e/24-scm_01_e.htm. [4]

Примечания

[1] Невостребованные активы представляют собой материальные активы, отраженные в балансовых счетах компании, инвестиционная стоимость которых не может быть возмещена и должна быть списана. Утрата их стоимости может иметь место вследствие принятия нормативных актов, означающих, что их невозможно эксплуатировать; изменения тенденций на рынке, что делает эти активы ненужными, или устаревания, вызванного появлением более совершенных технологий.

[2] 12.c Рационализировать отличающееся неэффективностью субсидирование использования ископаемых видов топлива, ведущее к его расточительному потреблению, посредством устранения рыночных диспропорций с учетом национальных условий в том числе путем реорганизации налогообложения и постепенного отказа от вредных субсидий там, где они существуют, для учета их экологических последствий, в полной мере принимая во внимание особые потребности и условия развивающихся стран и сводя к минимуму возможные негативные последствия для их развития таким образом, чтобы защитить интересы нуждающихся и уязвимых групп населения (United Nations, 2017[3]).

[3] 12.c.1 Сумма субсидий на ископаемые виды топлива на единицу ВВП (производство и потребление) и их доля в совокупных государственных расходах на ископаемые виды топлива (United Nations, 2017[3]).

[4] Более детальная информация доступна по ссылке: https://www.oecd.org/fossil-fuels/countrydata/.

2 Государственная поддержка производства и потребления ископаемых видов топлива в странах Восточного партнерства

В главе обобщены основные выводы по анализу механизмов субсидирования ископаемых видов топлива в шести странах Восточного партнерства (ВП) Европейского союза (Азербайджане, Армении, Беларуси, Грузии, Республике Молдова и Украине). Представлена методология выявления и оценки государственной поддержки производства и потребления ископаемых видов топлива. В главе также рассмотрены основные реформы субсидий, проведенные в регионе ВП после первой оценки энергетических субсидий ОЭСР. В конце главы описаны краткосрочные ответные меры правительств стран ВП в энергетике, принятые в связи сс пандемией COVID-19, и их возможное воздействие на динамику субсидирования ископаемых видов топлива.

Методология выявления и оценки субсидий

Определение и классификация субсидий

Каждая из шести стран Восточного партнерства (ВП) (Армения, Азербайджан, Беларусь, Грузия, Республика Молдова и Украина) Европейского союза имеет правовую и концептуальную основу ценообразования и налогообложения в энергосекторе. Эти национальные условия определяют то, какое официальное определение используется и как понимается термин «субсидия» в каждой стране, что подробно рассматривается в ОЭСР (2018[1]). В большинстве стран ВП прямые бюджетные трансферты производителям и потребителям считаются субсидией. То же касается выпадающих налоговых доходов в форме неполученных или полученных в недостаточном объеме налогов с производства и потребления энергоресурсов. Однако чаще используется термин «государственная помощь» или «государственная поддержка».

В исследовании использована методология ОЭСР для оценки объема государственной поддержки производства и потребления ископаемых видов топлива (OECD, 2015[2]). Она разработана на основе масштабной работы ОЭСР по анализу мер государственной поддержки как в странах-членах ОЭСР, так и в нескольких крупнейших странах «Большой двадцатки» с быстро растущей экономикой: Бразилии, Китайской Народной Республике, Индии, Индонезии, Российской Федерации, Южной Африке.

ОЭСР использует широко принятое определение из Соглашения по субсидиям и компенсационным мерам (ССКМ) (WTO, 1996[3]) Всемирной торговой организации (ВТО)[1]. Это единственное юридически обязательное определение для всех государств-членов ВТО.

Согласно статье 1 и статье 2 ССКМ, субсидия предоставляется, когда государство оказывает поддержку определенной отрасли или компании. В частности, субсидирование имеет место, когда правительство: (i) практикует прямой перевод средств или принимает на себя обязательства по их переводу; (ii) отказывается от взимания или не взимает причитающиеся ему доходы; (iii) предоставляет или закупает товары и услуги на условиях более выгодных, чем рыночные; (iv) осуществляет поддержку доходов или цен.

На основе этого определения классификация ОЭСР (2013[4]) выделяет следующие четыре группы субсидий:

- **прямой перевод** бюджетных средств производителям и потребителям энергии (например, дотации, субсидии на потребление энергии для малообеспеченных групп населения);
- **налоговые расходы и другие формы выпадающих доходов бюджета** (в частности, налоговые льготы или освобождение от определенных налогов: например, от НДС и акцизов на потребляемые энергоресурсы);
- **вторичные трансферты** (импортные тарифы, продажа электрической или тепловой энергии по ценам ниже рыночных, перекрестное субсидирование в электроэнергетике);
- **передача рисков** государственным органам (например, льготные кредиты и кредитные гарантии).

В целях исследования использован аналогичный подход, что и для базы данных ОЭСР по государственной поддержке ископаемых видов топлива, которая охватывает все страны-члены ОЭСР и ряд стран с быстро растущей экономикой. В докладе ОЭСР 2018 года *«Энергетические субсидии в странах Восточного партнерства ЕС»*, напротив, рассмотрены все четыре категории перечисленные выше, и приведены оценки за период 2010-2015 годов.

В исследовании рассмотрены первые две категории субсидий (прямые трансферты средств и налоговые расходы) и приведены оценки за 2016–2019 годы. Это означает, что оценки совокупных субсидий в странах ВП за два рассмотренных периода не являются в полной мере сопоставимыми.

Эти две категории государственной поддержки составляют основу базы данных ОЭСР по государственной поддержке ископаемых видов топлива и связанной базы данных ОЭСР и Международного энергетического агентства (МЭА) по поддержке ископаемых видов топлива. В нее также включены «вторичные трансферты» как часть вклада МЭА в эту работу. С целью включения стран ВП в базу данных ОЭСР и МЭА анализ сфокусирован на прямых трансфертах и налоговых расходах.

Когда это целесообразно, данные МЭА дополняют анализ данного исследования. МЭА составляет ежегодные оценки субсидий на ископаемые виды топлива для потребителей угля, нефти (нефтепродуктов), природного газа и электроэнергии в развивающихся странах и странах с быстро растущей экономикой. Эти оценки субсидий отражают разницу между внутренними и международными ценами на энергоносители. Оценки МЭА сфокусированы на субсидиях, непосредственно затрагивающих цены для конечных потребителей.

Процесс выявления прямых бюджетных трансфертов самый очевидный, поскольку меры поддержки, как правило, отражены в государственных бюджетах, которые являются общедоступными. Чтобы выделить налоговые расходы и прочие выпадающие доходы бюджета (налоговые льготы в денежном выражении), а также вторичные трансферты, требуется собрать значительный объем данных и проводить дополнительные оценки. Это затрудняет их измерение. Отсутствие установившейся практики учета и представления отчетности по налоговым расходам усложняет их количественную оценку.

Серьезной проблемой, усложняющей оценку вторичных трансфертов, являются трудности с получением данных, точно отражающих сложное ценообразование на топливо и электроэнергию в отдельных странах. Передача риска государству представляет собой более сложный механизм, поэтому оценка объемов этой формы господдержки проводится реже (OECD, 2013[4]).

Прямые и вторичные трансферты тесно связаны между собой. Субсидии, предоставляемые посредством регулируемых цен, как правило, не отражены в документации органов государственного управления. Поэтому они еще называются «скрытыми» или «косвенными». Все прямые трансферты государственных средств производителям в средне- и долгосрочной перспективе могут снизить производственные издержки и, следовательно, цены.

Если электроэнергия или тепловая энергия поставляется бытовым потребителям по тарифам ниже рыночных, кто-то другой все равно оплачивает ее по полной стоимости. Чаще всего счет оплачивает государство. В этом случае скрытые субсидии отражены в отчетности как прямые трансферты производителям или потребителям. Вместе с тем это требует тщательной проверки для установления правильных связей и во избежание двойного счета. В качестве альтернативы может использоваться перекрестное субсидирование населения за счет промышленных потребителей.

При оценке налоговых расходов важное значение имеет выбор базовой налоговой ставки. Налоговые расходы представляют собой разницу в доходах, возникающую вследствие отклонения от налоговой нормы (Kojima and Koplow, 2015[5]). Правительства используют несколько подходов определения базового налогового режима.

 Во многих странах оценки налоговых расходов основаны на концептуальной позиции относительно «нормального» налогообложения доходов и потребления. В случае такого относительно очевидного налога как НДС, различные подходы приводят к различным результатам. В одних странах считается, что любая ставка налога ниже стандартного НДС приводит к налоговым «расходам»; в других – более низкие ставки НДС рассматриваются как неотъемлемая часть налоговой системы, не создающая налоговых расходов (OECD, 2013[4]).

Оценки налоговых расходов могут возрасти вследствие более крупных налоговых льгот относительно базового налогового режима или увеличения базовой налоговой ставки. Отсутствие общей базовой ставки для сравнения не позволяет проводить прямые межстрановые сопоставления. Они могут ввести в заблуждения ввиду разных базовых налоговых систем.

Источники и доступность данных в странах ВП

Доступность данных и фискальная прозрачность весьма отличаются в этих шести странах (Вставка 2.1). Исследование основывается на большом количестве источников из открытого доступа, среди которых отчеты об исполнении бюджета и законы об утверждении бюджетов, отчеты налоговых органов и регуляторов в энергетике, а также пользующиеся доверием средства массовой информации. В большинстве случаев оценки субсидий взяты из официальных правительственных источников. В случае отсутствия официальных оценок налоговых расходов авторы рассчитывали выпадающие доходы бюджета, используя стандартные налоговые ставки (например, НДС, акцизов) в сравнении со льготными ставками и объем произведенной или потребленной энергии. Детальные данные по субсидиям на ископаемые виды топлива для отдельных стран приведены в приложениях Б–Ж.

Вставка 2.1. Доступность данных и фискальная прозрачность в странах ВП

Источники данных органов государственного управления

Различная ситуация в отношении доступности данных в странах ВП препятствует составлению последовательных и сопоставимых оценок объёма субсидий на ископаемые виды топлива и анализу их реформирования. Наиболее высокий уровень прозрачности данных наблюдается в Украине, где подробную информацию о бюджетных расходах и выпадающих доходах можно получить из общедоступных источников. Государственное казначейство Украины (2020[6]) регулярно публикует ежемесячные, квартальные и годовые отчеты об исполнении бюджета. В них содержатся детальные данные для комплексного анализа субсидий на ископаемые виды топлива и составления последовательных временных рядов за последние десять лет.

Министерство финансов составляет оценки выпадающих доходов бюджета в связи с основными налоговыми льготами. Они публикуются в пакете документов по бюджетному планированию, прилагаемых к проектам законов о бюджете (например, см. (Ministry of Finance of Ukraine, 2020[7])).

В Армении, Грузии и Молдове детальные данные менее доступны. Вместе с тем для составления достоверной картины субсидирования этих данных достаточно при дополнении информацией от прямых контактов с государственными ведомствами и собственными оценками авторов. Ситуация с наличием данных наиболее сложная в Азербайджане и Беларуси. В этих странах пробелы, несогласованность и отсутствие данных, означают, что выводы могут указывать лишь на общие тенденции субсидирования ископаемых видов топлива. Выводы следует интерпретировать с учетом этих ограничений.

Бюджетный и Налоговый кодексы Азербайджана и Беларуси обеспечивают правовую основу государственной поддержки в форме бюджетных трансфертов и налоговых льгот. Однако общедоступная информация о масштабе таких мер практически отсутствует. Правительство Азербайджана не публикует данных о бюджетных расходах и выпадающих доходах в энергетике (OECD, 2018[1]). В Беларуси публикуются отчеты об исполнении бюджета, но данные доступны в очень агрегированном виде (например, как категория «топливо и энергетика») при отсутствии деталей о расходах на конкретные государственные программы. В законах о бюджете и паспортах государственных программ в сфере энергетики больше информации, но часто неясно, в каком объеме обеспечено финансирование бюджетных программ.

Международные источники данных

Участие в Инициативе по обеспечению прозрачности в добывающих отраслях (ИОПДО) способствует повышению уровня прозрачности и улучшению управления добывающими отраслями, в частности, энергетическим сектором. Из шести стран ВП членами ИОПДО являются только Украина и Армения. С момента присоединения к ИОПДО в 2013 году Украина опубликовала три национальных доклада, которые демонстрируют существенный прогресс в соблюдении этого стандарта (EITI, 2020[8]). В национальном докладе Украины среди прочего представлена информация о бюджетных программах в угольной, нефтяной и газовой отраслях, об обязательствах по государственным гарантиям и квазифискальным операциям в энергетике (EY, 2018[9]).

Первый доклад Армении, которая присоединилась к ИОПДО в 2017 году, сфокусирован на секторах добычи руд и минерального сырья, поскольку отечественное производство энергоресурсов в стране практически отсутствует (EITI, 2020[10]).

> Азербайджан присоединился к ИОПДО в 2007 году и вышел из этой инициативы в марте 2017 года после приостановки его членства в Совете ИОПДО в связи с ограниченным прогрессом в реализации корректривных мер, связанных с участием гражданского общества (EITI, 2018[11]).

Подходы к количественной оценке субсидий

Существует два основных подхода к количественной оценке субсидий. Оценка «сверху вниз», основана на принципе ценовой разницы, и инвентаризация «снизу вверх», которая опирается на оценку каждой меры государственной поддержки по отдельности. Каждый из подходов имеет преимущества и ограничения, поэтому они могут дополнять друг друга. Эта взаимодополняемость особенно полезна в условиях ограниченной доступности данных и отчетности о субсидиях (OECD, 2018[1]).

Метод ценовой разницы предусматривает сопоставление цен конечного потребления с базовыми ценами, соответствующими полной стоимости энергоснабжения: субсидирование допустимо, если цена конечного потребления ниже базовой. Упрощенное применение подхода в общем случае состоит из двух основных этапов: (i) расчет ценовой разницы (ценовая разница = базовая цена – цена конечного потребления); (ii) расчет величины субсидии (субсидия = ценовая разница × объем потребления).

Для стран, которые являются нетто-импортерами ископаемых видов топлива, в качестве базовой используется цена импортного паритета[2]. Для стран – нетто-экспортеров ископаемого топлива в качестве базовой используется цена экспортного паритета[3]. В случае экспортеров энергоресурсов, оценка объема субсидий отражает не прямые затраты, а упущенную выгоду при продаже энергоносителей на внутреннем рынке по ценам ниже рыночных (OECD, 2018[1]).

МЭА использует метод ценовой разницы для составления оценок субсидирования потребителей. Он обеспечивает возможность межстранового сравнения в условиях, когда основными формами поддержки являются административное регулирование цен или ограничение экспорта. Вместе с тем этот метод не позволяет охватить субсидии, которые не выявляются путем оценки ценовой разницы.

Подход инвентаризации «снизу вверх», используемый ОЭСР, позволяет охватить субсидии, которые не выявляются методом ценовой разницы «сверху вниз». Он предполагает инвентаризацию конкретных механизмов субсидирования производства и потребления энергии, количественную оценку поддержки в рамках каждого механизма и суммирование полученных величин для оценки общего объема субсидий.

Эти два подхода не взаимоисключающие. Они дополняют друг друга и рассматривают одну проблему с разных сторон. Методы подробно рассмотрены в исследовании OECD (2018[1]).

Количественная оценка субсидий на ископаемые виды топлива и темпы их реформирования в странах ВП

Анализ основных результатов оценки субсидий на ископаемые виды топлива в странах ВП

Таблица 2.1 представляет оценки субсидий на ископаемые виды топлива в форме бюджетных трансфертов и налоговых расходов в странах ВП за 2010-2019 годы согласно подходу базы данных ОЭСР по государственной поддержке производства и потребления ископаемых видов топлива (подробнее см. приложения Б-Ж). В некоторых случаях общие суммы за 2010-2015 годы в документе OECD (2018[1]) могут отличаться от цифр (Таблица 2.1). Это объясняется, в основном, различиями в охвате форм господдержки за два периода. Кроме того, в ходе данного исследования выявлены новые меры, имевшие место в предыдущем периоде, а также обновлены некоторые оценки мер поддержки, выявленных ранее.

Разница между данными за 2010-2015 годы и цифрами в особенности касается Азербайджана (Таблица 2.1). Последние данные, собранные для этого исследования, помогли устранить несколько пробелов в данных по величинам субсидий в Азербайджане. Вместе с тем субсидии Азербайджана на потребление природного газа и электроэнергии за 2010-2015 годы оценивались косвенно с помощью метода ценовой разницы. Следовательно, предыдущая и нынешняя оценки несопоставимы.

Кроме того, в большинстве стран ВП курсы национальных валют значительно снизились в последние годы (см. обменные курсы в приложении А). Поэтому следует с осторожностью использовать оценки в долл. США для анализа изменений объёма субсидирования. Наконец, количественные оценки субсидий для разных стран не являются непосредственно сопоставимыми, поскольку каждая имеет различные уровни налогообложения.

Могут также существовать некоторые различия между величинами субсидий, приведенными в этом докладе, и величинами, включенными в онлайн-базу данных ОЭСР. Это касается, в основном, механизмов субсидирования, которые (i) приносят выгоду более чем одному сектору экономики/виду топлива (например, субсидия предоставляется потребителям угля, природного газа и нефтепродуктов) или (ii) предоставляются на конечное потребление электроэнергии в случаях, когда она производится не только из ископаемых видов топлива (например, из возобновляемых источников и на основе атомной энергии) или импортируется.

Для целей базы данных в случае (i) производится дезагрегирование по видам топлива, а в случае (ii) из величины субсидии на электроэнергию вычитается компонент, не связанный с ископаемым топливом, и/или импортированная электроэнергия. Дезагрегирование выполняется на основе данных по энергобалансам МЭА (IEA, 2020[12]) (Приложение И). Процесс дезагрегирования обеспечивает согласованность с оценками субсидий, представленными в базе данных по странам ОЭСР.

В исследовании величины субсидий приведены без дезагрегации по двум основным причинам. Во-первых, анализ показывает, что дезагрегирование в разбивке по различным видам топлива на основе балансов МЭА может вести к занижению оценки компонента, связанного с ископаемым топливом, в оценках субсидий. Во-вторых, необработанные данные из официальных правительственных документов облегчают правительствам этих стран анализ полученных оценок и отслеживание их первоначальных источников информации.

Таблица 2.1. Количественная оценка субсидий на ископаемые виды топлива в странах ВП, бюджетные трансферты и налоговые расходы, 2010–2019 годы, в млн долл. США

	2010	2011	2012	2013	2014	2015	2016	2017	2018	2019
Армения	28	37	41	42	42	32	23	23	5	5
Азербайджан	90	501	180	390	48	474	1 214	0.1	909	798
Беларусь	594	160	197	303	318	18	71	110	85	81
Грузия	7	7	11	33	31	27	18	14	15	15
Молдова	72	89	100	93	83	66	60	65	72	н. р.
Украина	2 109	2 623	5 196	3 157	2 503	1 182	1 989	2 999	2 976	2 230
Всего	2 900	3 417	5 725	4 017	3 026	1 799	3 374	3 210	4 061	3 128

Примечания:
а. н. р. — нет расчетов.
б. На эти оценки повлияло наличие данных за разные годы и обменные курсы валют.
Источник: составлено авторами на основе оценок по странам, приведенным в приложениях А–Ж.

Рисунок 2.1 иллюстрирует, как изменился общий объём субсидирования ископаемых видов топлива в регионе ВП за 2010-2019 годы. Объем субсидирования в Украине больший, чем в пяти других странах ВП вместе взятых. Помимо того, что экономика Украины самая крупная, для неё характерно значительное субсидирование энергетики и населения. Украина традиционно стоит на первом месте по показателю субсидий на ископаемые виды топлива от валового внутреннего продукта (ВВП). Вместе с тем она имеет лучшие показатели в сфере прозрачности данных, что позволило выявить и собрать данные по всем основным механизмам субсидирования, действующие на общенациональном уровне. Таким образом, вероятность того, что в случае Украины оценки занижены значительно меньше, чем для других стран.

Рисунок 2.1. Количественная оценка субсидий на ископаемые виды топлива в странах ВП по сравнению с предыдущей оценкой, в млн долл. США

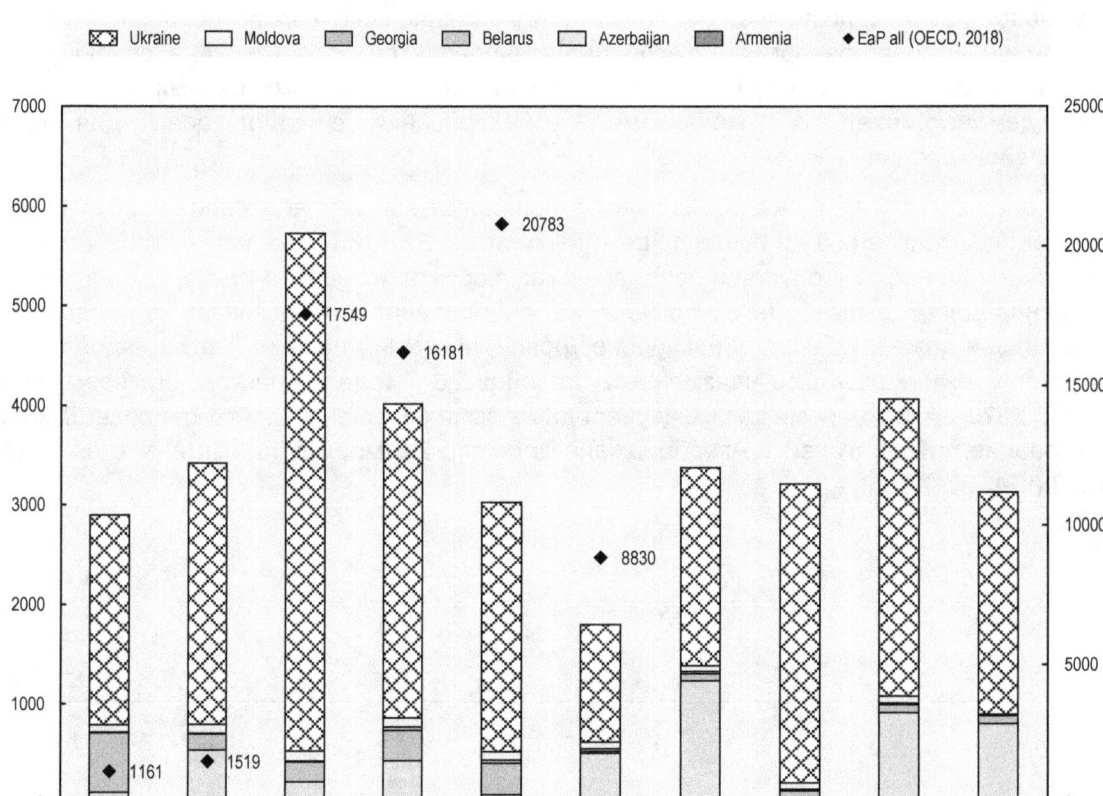

Примечание: Подготовлено на основе оценок, приведенных в приложениях А–Ж, и (OECD, 2018[1]). Данные по всем странам ВП (OECD, 2018[1]) указаны по правой оси.

Начиная с 2012-2013 годов субсидии на ископаемые виды топлива в форме бюджетных трансфертов и выпадающих доходов постепенно сократились в Армении, Грузии и Украине (Таблица 2.1). В Армении субсидии на ископаемые виды топлива в 2013 и 2014 годах достигли пика и составили 42 млн долл. США. В 2019 году они сократились до 5 млн долл. США, поскольку большинство механизмов субсидирования было упразднено. В Грузии субсидии увеличились с 2010 года и в 2013 году достигли 33 млн долл. США. В последующие годы они сократились, достигнув 15 млн долл. США в 2019 году, хотя были введены новые программы социальной поддержки населения.

В Украине объем субсидирования в форме бюджетных трансфертов и налоговых расходов составил более 5 млрд долл. США в 2012 году. К 2019 году субсидирование сократилось более чем в два раза. Вместе с тем субсидии по-прежнему превышают 2 млрд долл. США, что в 2.4 раза больше суммы субсидий в остальных странах. В Молдове объём субсидирования значительно колебался за исследуемый период. Пробелы в данных, необходимых для оценки субсидий на ископаемые виды топлива, не позволяют отследить четкую тенденцию в случае Азербайджана и Беларуси.

Как и в предыдущем исследовании ОЭСР (2018[1]), в этом также использован метод ценовой разницы, применяемый МЭА, в качестве дополнения к подходу инвентаризации субсидий «снизу вверх». К сожалению, проведение дополнительного анализа на основе метода ценовой разницы выходит за рамки этого доклада. Оценки МЭА доступны только для Азербайджана (Рисунок 2.2) и Украины (Рисунок 2.3).

Метод ценовой разницы позволяет оценить субсидирование конечных потребителей ископаемых видов топлива и электроэнергии. С этой целью проводится сопоставление средних цен для конечных потребителей с международными базовыми или рыночными ценами. Этот метод, как правило, демонстрирует, как механизмы субсидирования снижают цены для конечных потребителей до уровня ниже рыночного.

Согласно оценкам МЭА, в Азербайджане субсидирование потребителей в 2014-2016 годы сократилось по сравнению с предыдущем периодом. Это объясняется резким повышением внутренних цен на нефтепродукты и природный газ в сочетании со снижением цен на нефть и газ на международном рынке. Затем объём субсидирования на ископаемые виды топлива восстановился и даже превысил предыдущие уровни, поскольку цены на бензин в долларах США на внутреннем рынке остались неизменными с конца 2017 года до настоящего времени (Trade Economics, 2020[13]), в то время как международные рыночные цены восстановились. В 2018 году субсидирование потребителей в Азербайджане достигло 2.6 млрд долл. США, что эквивалентно 5.8% ВВП (IEA, 2019[14]).

Рисунок 2.2. Оценки МЭА субсидий на ископаемые виды топлива в Азербайджане, в млрд реальных долл. США 2018 года

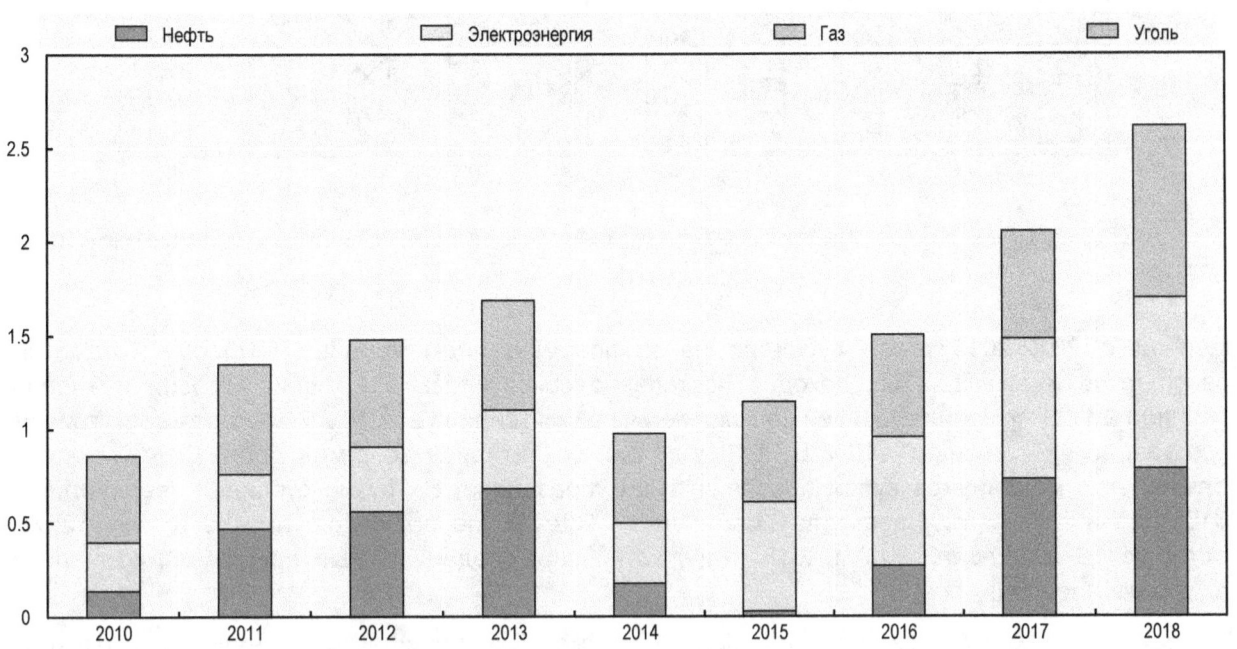

Источник: подготовлено на основе данных (IEA, 2019[14]).

В случае Украины, оценки МЭА согласно методу ценовой разницы (Рисунок 2.3) также отражают сочетание внутренних и внешних факторов. Изменение в 2016 году ценообразования на газ на внутреннем рынке на основе импортного паритета (международной рыночной цены) привело к увеличению тарифов. В результате неадресное субсидирование потребителей газа было фактически упразднено в течение двух лет. В 2017 году наблюдался самый низкий уровень субсидирования потребителей (2.1 млрд долл. США) и только в секторе электроэнергетики. В 2018 году возобновилось субсидирование потребителей газа, поскольку правительство не желало повышать внутренние цены с учетом изменений международных рыночных цен (Ekonomichna Pravda, 2018[15]).

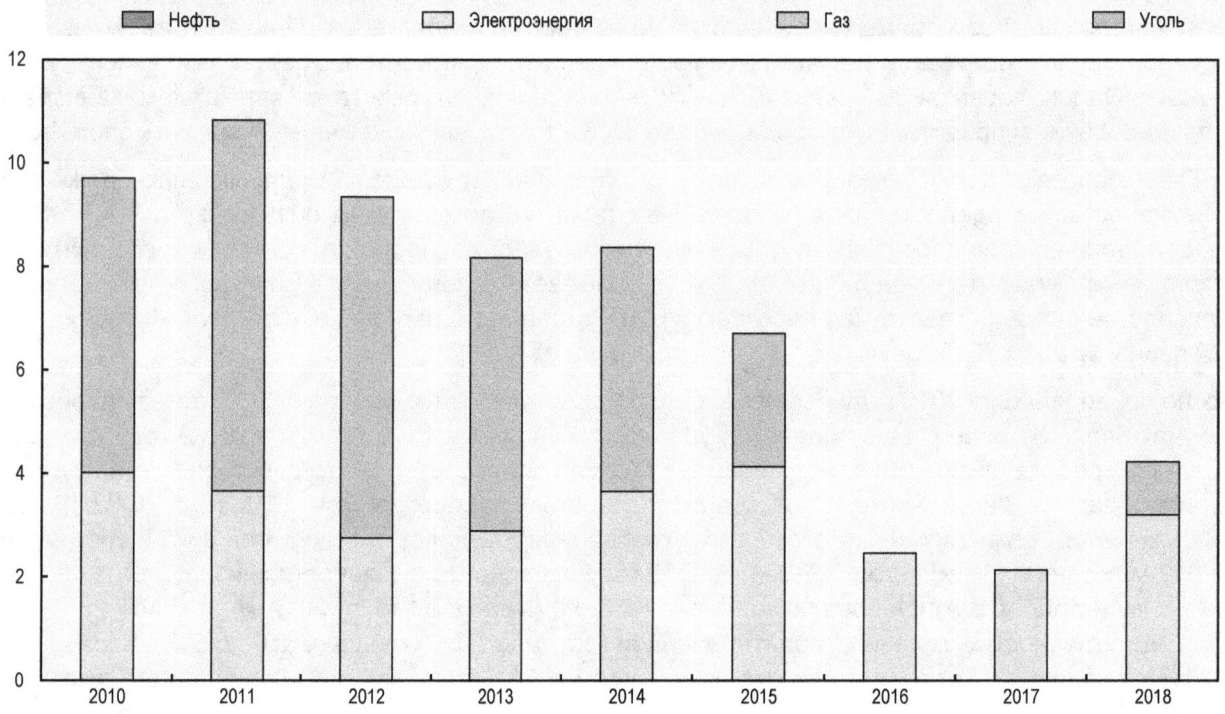

Рисунок 2.3. Оценки МЭА субсидий на ископаемые виды топлива в Украине, в млрд реальных долл. США 2018 года

Источник: подготовлено на основе данных (IEA, 2019[14]).

Поэтапное повышение тарифов на электроэнергию для населения в 2015-2017 годах (NEURC, 2016[16]) помогло сузить разрыв с рыночной ценой (IEA, 2019[14]). Однако тарифы на электроэнергию не были пересмотрены[4] до 2021 года, что привело к увеличению потребительских субсидий в 2018 году. В 2018 году объём субсидирования потребителей газа и электроэнергии достиг 4.2 млрд долл. США, что эквивалентно 3.4% ВВП.

Вставка 2.2. Долг субсидируемых национальных нефтегазовые компаний

Национальные нефтегазовые компании (ННГК) существуют как в Азербайджане (SOCAR), так и в Украине («Нафтогаз»). Это государственные вертикально интегрированные компании, выполняющие полный цикл деятельности — от разведки, эксплуатации месторождений нефти и газа до их переработки и поставок (OECD, 2018[1]). В обеих странах государство поддерживает эти компании посредством прямых трансфертов, вливаний капитала, гарантий по кредитам и выпуска государственных облигаций для покрытия их дефицита. Прямые трансферты выявлены в обоих случаях. Однако гарантии по кредитам и выпуск облигаций, которые также являются механизмами субсидирования и представляют собой передачу риска государству, выявить и оценить сложнее.

ННГК часто имеют большую задолженность, что увеличивает общие фискальные риски, даже если правительство не предоставляет официальных гарантий по долговым обязательствам. В случае предоставления государственных гарантий такая задолженность относится к субсидиям на ископаемые виды топлива. Рисунок 2.4 показывает задолженность как доля от валового государственного долга в случае нескольких ННГК стран этого региона, в частности, Азербайджана и Украины за 2016-2018 годы.

После проведенной в 2016 году реформы ценообразования на газ компания «Нафтогаз» перестала получать прямую бюджетную поддержку для компенсации своих потерь. В том же году компания получила кредит Всемирного банка в размере 500 млн долл. США под государственные гарантии на цели поддержки ликвидности. Этот кредит полностью погашен в мае 2019 года. В 2016 году задолженность компании «Нафтогаз», гарантированная государством, достигла пика и составляла 28 912 млн грн (1 132 млн долл. США). В 2019 году уровень задолженности снизился до 2 694 млн грн (96 млн долл. США) (Naftogaz of Ukraine, 2016[17]), (Naftogaz Group, 2019[18]). В конце 2019 года доля задолженности компании, гарантированной государством, уменьшилась до 5% по сравнению с 28% на конец 2018 года – в связи с погашением в 2019 году кредита Всемирного банка (Fitch Ratings, 2020[19]).

Задолженность азербайджанской компании SOCAR особенно высокая. В 2018 году она превышала валовый государственный долг более чем в два раза. Государство гарантирует 9% долга компании и производит вливания капитала для покрытия ее дефицита (Fitch Ratings, 2020[20]).

Рисунок 2.4. Отношение задолженности ННГК к валовому государственному долгу, в %

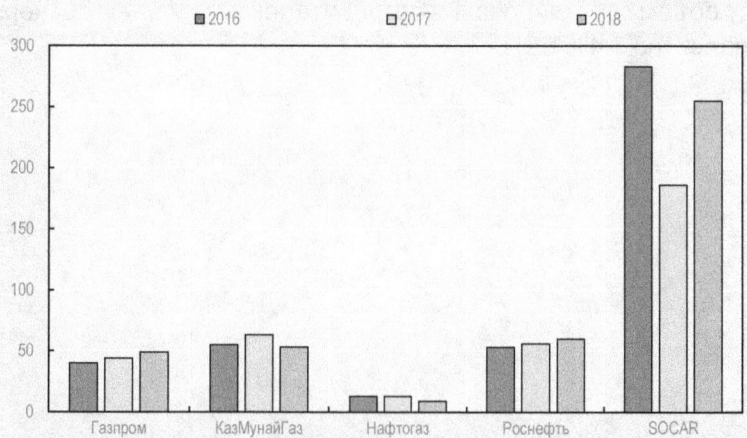

Источник: подготовлено на основе базы данных по национальным нефтяным компаниям, (Natural Resource Governance Institute, 2020[21]).

Рисунок 2.5 иллюстрирует количественные оценки субсидий на ископаемые виды топлива (бюджетные трансферты и налоговые расходы) как доля ВВП в сопоставлении с величиной дефицита государственного бюджета стран ВП в 2018 году. В Украине только бюджетные трансферты и налоговые расходы на ископаемые виды топлива достигли 2.3% ВВП и превысили дефицит бюджета в размере 1.9% ВВП. В Азербайджане субсидии составляют почти 2% ВВП, а дефицит бюджета – всего 0.3% ВВП. Во всех других странах ВП, кроме Беларуси, где имел место профицит бюджета, дефицит национального бюджета превышает объемы субсидирования ископаемых видов топлива, которое составляет менее 1% ВВП. Сокращение субсидий на ископаемые виды топлива поможет снизить нагрузку на государственный бюджет и сократить его дефицит. Сэкономленные средства могут быть перераспределены на более важные государственные приоритеты в социальной и природоохранной сферах.

Рисунок 2.5. Дефицит/профицит государственного бюджета и количественная оценка субсидий на ископаемые виды топлива как доля ВВП в 2018 году

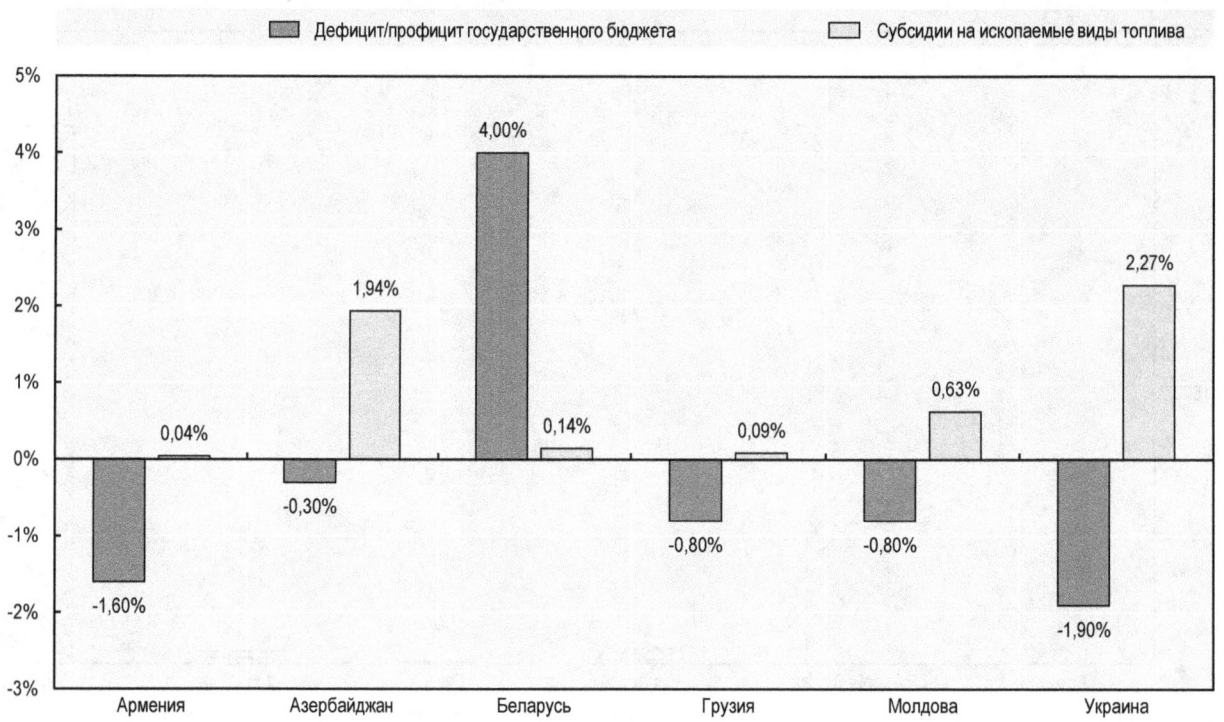

Источник: подготовлено на основе данных Eurostat (2019[22]) и World Bank (2020[23]), а также оценок субсидий, приведенных в Таблица 2.1.

Рисунок 2.6 представляет субсидии на ископаемые виды топлива в странах ВП в 2018 году в разбивке по типу энергоносителей. в большинстве случаев невозможно точно дезагрегировать величины субсидий по типу энергоносителей. Это связано как с недостатком данных, так и с тем, что тот или иной механизм субсидирования может обеспечивать поддержку нескольким видам топлива (приложения Б–Ж)[5]. Наибольший объем субсидий приходится на природный газ и электроэнергию. За исследуемый период субсидирование угля было значительным только в Украине.

В исследовании Энергетического сообщества (Miljević, 2020[24]) проанализированы прямые субсидии на производство электроэнергии на основе угля и лигнита в странах-членах Энергетического сообщества за 2018-2019 годы. Исследование подтвердило, что среди стран ВПчленов Энергетического сообщества (Грузия, Молдова и Украина) только в Украине предоставляются субсидии на производство электроэнергии на угле. Данные по прямой бюджетной поддержке, источником которых служат отчеты об исполнении бюджета Казначейства Украины, приведённые в докладе Энергетического сообщества и в этом исследовании, идентичны. Однако исследование Энергетического сообщества включает и другие механизмы субсидирования: в частности, кредиты со сниженной процентной ставкой и гарантии по кредитам. Субсидирование в такой форме представляет собой передачу риска государству, является более долгосрочным обязательством государства и в исследовании ОЭСР не рассматривается. Анализ Энергетического сообщества показывает, что в 2019 году субсидии на производство электроэнергии на угле в Украине значительно возросли (примерно на 60%) по сравнению с 2018 годом.

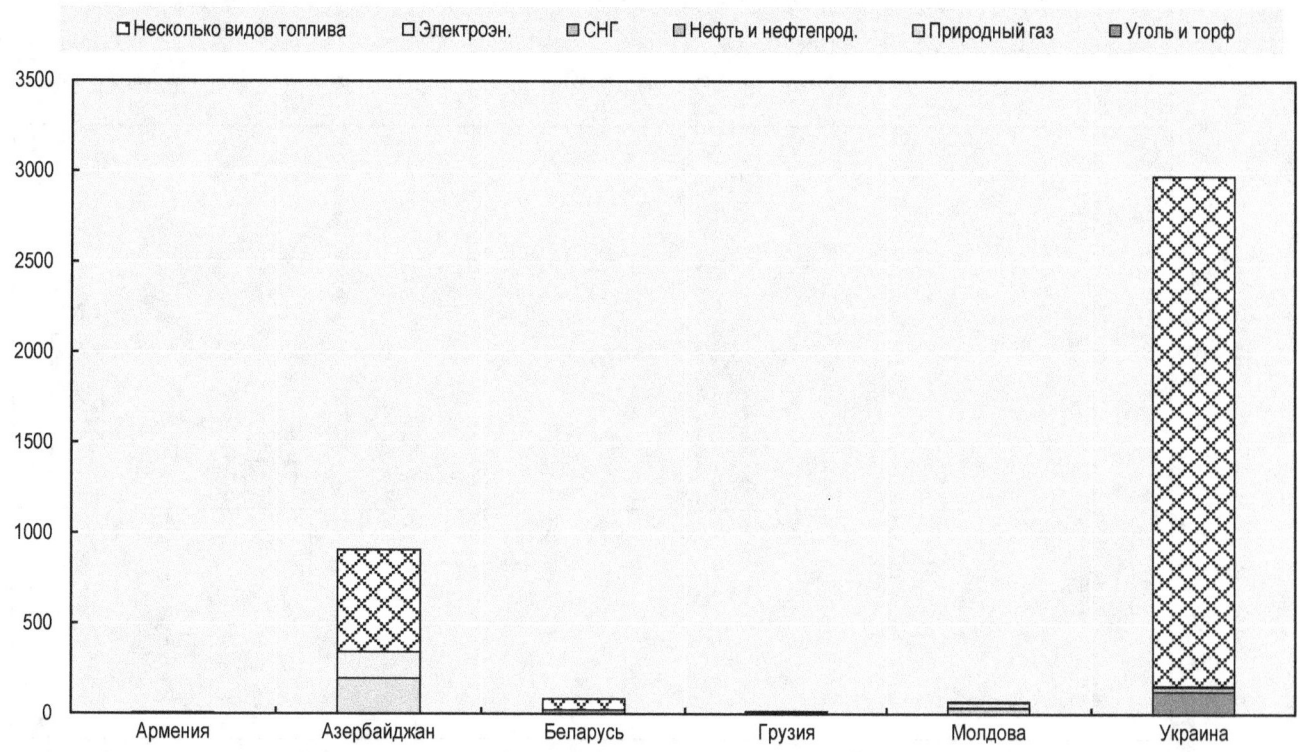

Рисунок 2.6. Количественная оценка субсидий на ископаемые виды топлива в странах ВП в разбивке по типу энергоносителей в 2018 году, в млн долл. США

Источник: подготовлено на основе оценок, приведенных в приложениях Б-Ж.

Бюджетные трансферты и выпадающие доходы

За 2015-2019 годы механизмы субсидирования ископаемых видов топлива в странах ВП существенно изменились. Многие меры отменены, при этом введены новые механизмы субсидирования. Рисунок 2.7 иллюстрирует, что в большинстве стран ВП преобладают бюджетные трансферты, тогда как налоговые расходы – основной механизм поддержки только в Молдове.

В Молдове налоговые расходы представлены в форме поддержки населения и государственных учреждений посредством сниженных ставок НДС на потребление природного газа, тепловой и электрической энергии, а также сжиженного нефтяного газа (СНГ). В 2018 году объём налоговых льгот составил, согласно оценкам, 65.6 млн долл. США. В то же время бюджетные расходы на частичную компенсацию затрат на энергопотребление населения в Кишиневе и на границе с

Приднестровьем достигали примерно 6 млн долл. США. Подробная информация о бюджетных трансфертах и выпадающих доходах бюджета в странах ВП приведена в приложениях Б-Ж.

В Армении субсидирование ископаемых видов топлива незначительное, которое, как представляется, не искажает в значительной степени выбор энергопотребителей. Большинство субсидий упразднено и в конце 2019 года оставалось только два механизма субсидирования. В частности, бюджетные трансферты для частичной компенсации затрат на потребление электроэнергии и газа в приграничных общинах и освобождение от акциза на импорт природного газа[6]. В 2016 году правительство Армении упразднило освобождение от акциза на компримированный природный газ (субсидия составляла примерно 9 млн долл. США в год). Год спустя было отменено освобождение от НДС на импорт дизельного топлива (субсидия составляла 17.6 млрд долл. США).

В январе 2016 года Беларусь отменила освобождение от НДС на электроэнергию и природный газ для населения, что положило конец субсидии стоимостью 200 млн долл. США в год. В Азербайджане действуют освобождения от НДС и таможенных пошлин по так называемым соглашениям о разделе продукции и соглашениям с правительством принимающей страны. Однако информация об условиях этих налоговых льгот и масштабах поддержки недоступна.

За исследуемый период 2014-2019 годов Грузия ввела новые бюджетные программы с целью субсидирования потребления газа и электроэнергии. Субсидии на газ адресно охватывают население на границе с Абхазией и Южной Осетией. В то же время предоставляются субсидии на электроэнергию семьям с четырьмя и более детьми, другим социально уязвимым потребителям и населению в высокогорных районах. Тем не менее, объём субсидирования уменьшается; субсидии достигли пика в 2015 году в лари, а в долларовом выражении — в 2013 году.

В Украине недавно упразднено несколько программ бюджетных расходов, при этом введены специальные меры для решения проблем, связанных с чрезвычайными ситуациями и задолженностью госпредприятий. В частности, осуществлен бюджетный трансферт «Смилакомунтеплоэнерго» (коммунальное предприятие по теплоснабжению города Смила) для предотвращения возникновения чрезвычайной ситуации в связи с неспособностью предприятия оплатить природный газ. По состоянию на 2019 год в Украине действовало три механизма субсидирования, представляющих налоговые расходы.

В 2011 году в стране введено освобождение от уплаты акциза на операции по продаже СНГ на специализированных аукционах для нужд населения. С 2016 года применяется освобождение по уплате НДС на ввоз угля и/или продуктов его обогащения на таможенную территорию Украины. Наконец, в 2018-2019 годах применялось уменьшение корпоративного подоходного налога на сумму уплаченного акцизного налога, взимаемого с тяжелых дистиллятов (газойля), используемых транспортными средствами. По оценкам Министерства финансов, в 2019 году эти меры привели к налоговым расходам стоимостью 141 млн долл. США.

Рисунок 2.7. Количественная оценка субсидий на ископаемые виды топлива в странах ВП в разбивке по типам мер поддержки в 2018 году, в млн долл. США

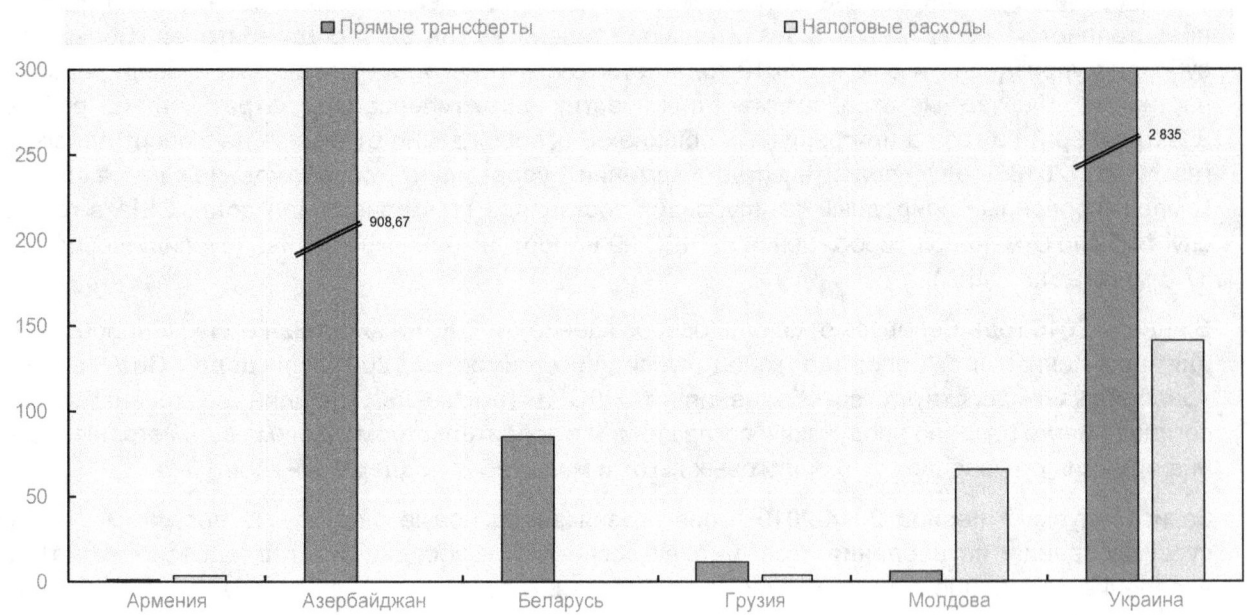

Источник: подготовлено на основе оценок, приведенных в приложениях А–Ж.

Оценки поддержки производителей и потребителей

В зависимости от конечного выгодополучателя, ОЭСР классифицирует механизмы субсидирования как Оценку поддержки потребителей (ОППо), Оценку поддержки производителей (ОППр) и Оценку поддержки общего назначения (ОПОН). Первая категория охватывает меры, которые приносят выгоду отдельным потребителям. Под второй категорией понимаются меры в отношении отдельных производителей. Третья категория включает меры, которые приносят выгоду как потребителям, так и производителям в качестве «мер, которые не увеличивают текущее производство или потребление ископаемого топлива, но могут способствовать этому в будущем» (OECD, 2015[2]).

Рисунок 2.8 иллюстрирует количественную оценку субсидий на ископаемые виды топлива в странах ВП согласно системе классификации ОЭСР ОППр/ОППо. Мера ОПОН выявлена только в Молдове в форме государственных инвестиций в строительство газопроводов и электросетей. Она достигла пика в 2014 году и составляла 7.3 млн долл. США. Рисунок 2.8 не отражает эту меру, поскольку данные за 2018 год отсутствуют.

Рисунок 2.8. Количественная оценка субсидий на ископаемые виды топлива в странах ВП в разбивке по показателям ОППр/ОППо, 2018 год, в млн долл. США

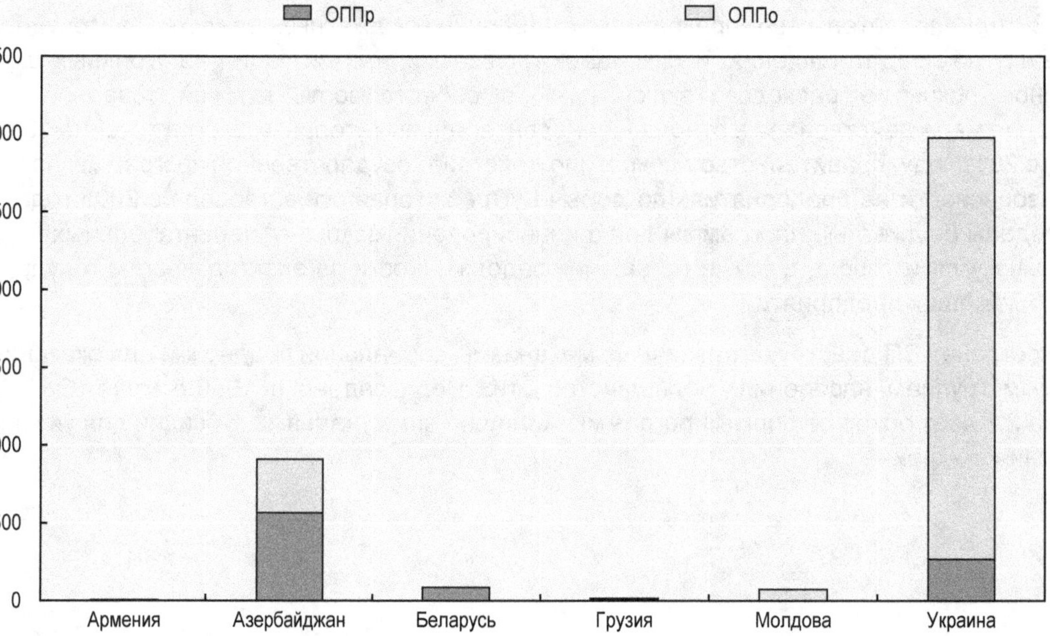

Источник: на основе оценок, приведенных в приложениях А–Ж.

Все выявленные субсидии в Армении и Молдове, количественная оценка которых оказалась возможной, относятся к категории ОППо. В Беларуси ситуация обратная: в 2018 году все оцененные субсидии на ископаемые виды топлива приносили выгоду отдельным производителям. Мерами ОППо в Беларуси являются жилищные субсидии для населения с низкими доходами и частичная компенсация затрат поставщикам коммунальных услуг. Однако данные по масштабам этих механизмов поддержки не обнародуются, поэтому эти меры не отражены на рисунках.

В случае Азербайджана оценки субсидий согласно классификации ОППр/ОППо показывают, что в соизмеримых суммах предоставляются трансферты энергоснабжающим компаниям страны и оказание поддержки беженцам и внутренне перемещенным лицам.

В Грузии государственная поддержка потребления ископаемых видов топлива представлена в форме социальных пособий и льгот, предоставляемых населению напрямую. Правительство Грузии поддерживает сохранение тарифов на низком уровне для всех групп населения по социальным и политическим причинам. Вместе с тем оно постепенно реформировало программы социальной помощи, чтобы адресно охватывать домохозяйства с низкими доходами. Одна мера ОППр в нефтегазовом секторе направлена на стимулирование добычи местных энергоресурсов. Производители нефти и газа освобождены от налогов на прибыль и имущество, платежей за пользование природными ресурсами.

В Украине основной объем государственной поддержки ископаемых видов топлива направлен на потребителей. Она предоставляется в форме бюджетных трансфертов для покрытия потерь поставщиков коммунальных услуг в связи с заниженными регулируемыми тарифами, а также социальных пособий и льгот, предоставляемых населению напрямую.

Поддержка производителей в Украине сосредоточена в угольной отрасли. Различные бюджетные программы направлены на поддержку неэффективных и нерентабельных государственных угольных шахт. Совокупная ОППр снизилась с 2013 года по двум причинам (Приложение Ж). Во-первых, правительство временно утратило контроль над отдельными территориями на Донбассе, где расположено большинство государственных угольных шахт Украины. Во-вторых, к снижению ОППр, в меньшей степени, привели реформы в угольной отрасли.

В 2018 году правительство прекратило выделение бюджетных средств на государственную программу по предотвращению и ликвидации чрезвычайных ситуаций на угольных шахтах и на частичное покрытие расходов, включаемых в себестоимость готовой товарной продукции. Последняя мера действовала в отношении нерентабельных угольных шахт в течение 15 лет. Годом ранее, в 2017 году, правительство прекратило действие государственной программы по улучшению мер безопасности на предприятиях по добыче угля, которая существовала с 2005 года. Вместе с тем введены бюджетные программы для финансирования закрытия нерентабельных предприятий по добыче угля и торфа, а также погашения задолженности за электроэнергию государственных угледобывающих предприятий.

Во всех странах ВП действуют различные механизмы социальной поддержки для оказания помощи уязвимым группам населения. Большинство этих мер введено в 1990-е годы (OECD, 2018[1]). Вставка 2.3 дает обзор реформы программы жилищно-коммунальных субсидий для уязвимых групп населения в Украине.

Вставка 2.3. Реформа программы субсидий на жилищно-коммунальные услуги для групп населения с низкими доходами в Украине

Ввиду того, что тарифы на коммунальные услуги традиционно сохранялись относительно низкими (значительно ниже уровня возмещения затрат), а процедура подачи заявок на получение субсидии была сложной, количество субсидиантов было небольшим. В 2014 году субсидии на оплату жилищно-коммунальных услуг получали 1.2 млн семей (Voitko, 2015[25]). Общая стоимость адресных субсидий для государственного бюджета была меньше, чем, например, сумма трансфертов, предоставляемых угольной отрасли. В течение 2012-2014 годов правительство Украины выделяло от 519 млн долл. США до 841 млн долл. США на частичную компенсацию платежей за жилищно-коммунальные услуги группам населения с низкими доходами и еще от 60 млн долл. США до 92 млн долл. США на покупку СНГ, твердого и жидкого печного топлива (State Treasury Service of Ukraine, 2020[6]).

По мере того, как повышались тарифы на жилищно-коммунальные услуги в течение 2015-2017 годов, возрастало и финансирование адресных субсидий для населения. Правительство приняло ряд мер с целью облегчения администрирования государственных программ адресных субсидий. В частности, упростили процедуры предоставления субсидий. В 2016 году сокращено количество обязательных подаваемых документов и отменено несколько критериев для предоставления субсидий. Это привело к резкому увеличению числа заявок на получение субсидий. В 2017 году субсидии на оплату жилищно-коммунальных услуг достигли максимального значения в 2.7 млрд долл. США (72 млрд грн, Приложение Ж). Более того, в этом году субсидии на коммунальные услуги получали 9.6 млн семей, что составляет 64% от всех домохозяйств Украины (State Statistics Service of Ukraine, 2018[26]), (State Statistics Service of Ukraine, 2019[27]).

В последующие годы правительство Украины реформировало программу субсидий на жилищно-коммунальные услуги с целью улучшения проверки домохозяйств на предмет соответствия определенным критериям, чтобы субсидии предоставлялись только действительно уязвимым группам населения. К 2019 году эти меры в сочетании с общим улучшением экономической ситуации в Украине привели к сокращению количества семей, получающих субсидии, до 5.9 млн, или примерно 40% всех домохозяйств в стране (State Statistics Service of Ukraine, 2019[28]), (State Statistics Service of Ukraine, 2020[29]). Бюджетные расходы на жилищно-коммунальные субсидии снизились в общей сложности до 1.9 млрд долл. США, что сопоставимо с 2016 годом, после резкого повышения тарифов на коммунальные услуги.

В марте 2019 года правительство Украины продолжило реформирование субсидий на жилищно-коммунальные услуги, осуществив так называемую монетизацию субсидий. Это позволило субсидиантам получать помощь на оплату жилищно-коммунальных услуг наличными или на специально открытые банковские счета (Ministry of Social Policy of Ukraine, 2019[30]). Ранее сумма субсидии указывалась в счете за коммунальные услуги, но компенсация из бюджета предоставлялась поставщикам коммунальных услуг. Новый механизм создал стимулы к тому, чтобы домохозяйства внедряли энергосберегающие меры, поскольку сэкономленную субсидию им разрешено расходовать по своему усмотрению. Несмотря на опасения относительно неплатежей, субсидианты продемонстрировали надлежащую платежную дисциплину (Center of Public Monitoring and Control of Ukraine, 2019[31]).

Источник: подготовлено авторами.

За исследуемый период 2015-2019 годов характер субсидирования ископаемых видов топлива в странах ВП значительно изменился. Многие меры были отменены, при этом введены новые механизмы субсидирования. За рассматриваемый период в Армении, Грузии и Украине субсидии на ископаемые виды топлива в форме бюджетных трансфертов и выпадающих доходов сократились. В то же время в Молдове объём субсидирования значительно изменялся из года в год. Пробелы в данных, необходимых для оценки субсидий на ископаемые виды топлива, не позволяют отследить четкую тенденцию в случае Азербайджана и Беларуси.

Меры, связанные с пандемией COVID-19, в энергосекторе стран ВП

Пандемия COVID-19 нанесла тяжелый урон мировой экономике, в том числе региону ВП. Пандемия COVID-19 негативно сказалась на странах ВП в связи с обвалом глобальных цен на сырьевые товары, нарушениями в глобальных и региональных цепях поставок, а также усилением неприятия риска на финансовых рынках. Распространение коронавируса и последующее принятие карантинных мер привели к резкому снижению внутреннего спроса и остановке многих видов экономической деятельности.

Пандемия достигла региона ВП в конце февраля 2020 года. К концу июля 2020 года количество инфицированных значительно возросло. По состоянию на конец апреля 2021 года подтвержденных случаев заражения COVID-19 становилось все больше. По числу подтвержденных случаев Украина оказалась наиболее затронутой пандемией страной в регионе. Вместе с тем в Армении, Грузии и Молдове также наблюдались высокая смертность на 100 000 человек. Всем странам ВП было сложно справиться с кризисом в области здравоохранения в прошлом году.

Таблица 2.2. Количество зараженных COVID-19 и смертность на 100 000 человек по состоянию на 26 июля 2020 года и 30 апреля 2021 года

	Подтвержденные случаи, 26 июля 2020 года	Подтвержденные случаи, 30 апреля 2021 года	Смертные случаи, 26 июля 2020 года	Смертные случаи, 30 апреля 2021 года	Смертность на 100 000 человек, 26 июля 2020 года	Смертность на 100 000 человек, 30 апреля 2021 года
Молдова	23 034	251 160	735	5 826	18	219.22
Армения	37 317	216 596	705	4 128	23	139.57
Грузия	1 131	311 457	16	4 130	1	111.01
Украина	66 261	2 132 742	1 625	46 281	44	104.27
Азербайджан	30 050	320 322	417	4 538	4	45.27
Беларусь	67 131	359 982	534	2 552	6	26.96

Источник: John Hopkins University & Medicine (2021[32]).

Экономическая активность в регионе значительно сократилась в первые месяцы кризиса в 2020 году. Пандемией были особенно затронуты основные секторы экономики (добывающие отрасли, сфера услуг, туризм, транспорт). Обвал цен на нефть нанес непосредственный урон Азербайджану и Беларуси, но также затронул другие страны ВП, оказав воздействие на торговлю. В то же время ограничение международного сообщения привело к сокращению денежных переводов. Все эти факторы усугубили социально-экономические последствия кризиса. Согласно данным Всемирного банка (2020[33]), в 2021 году прогнозируется сокращение экономики стран этого региона на 4.7%, почти во всех странах будет наблюдаться рецессия.

Правительства большинства стран ВП оперативно приняли меры по смягчению экономических последствий пандемии COVID-19 для населения и предприятий. Эти пакеты экстренной финансовой помощи, а также восстановления экономики в среднесрочной перспективе являются значительными. В Беларуси и Украине они в общей сложности составляют примерно 2 млрд долл. США. Это также свидетельствуют о способности правительств стран ВП мобилизовать ресурсы и принимать меры в кризисных ситуациях.

В приложении 3 приведен обзор основных мер, принятых правительствами стран ВП для уменьшения последствий кризиса в энергетике. Ниже представлены основные меры в странах региона.

В апреле 2020 года **правительство Армении** подготовило 22 пакета мер по восстановлению экономики для смягчения социальных и экономических последствий кризиса с заявленной стоимостью 150 млрд драм (305 млн долл. США). Основные меры поддержки в энергетике направлены на потребителей природного газа и электроэнергии, испытывающих трудности с оплатой счетов за коммунальные услуги (электроэнергию и газ, а также воду). Правительство оказывало прямую бюджетную поддержку предприятиям, реализующим природный газ и электроэнергию населению согласно условиям, предусмотренным этой программой.

Правительство **Азербайджана** выделило в совокупности 2.6 млрд ман. (1.5 млрд долл. США) на пакет поддержки. В целом энергетика не относится к перечню сфер, затронутых пандемией и нуждающихся в помощи. Однако в рамках Программы государственной поддержки «Льготное потребление электроэнергии населением до 100 кВт·ч» в апреле-мае 2020 года осуществлялось оказание поддержки бытовым потребителям электроэнергии.

Беларусь объявила о пакете поддержки в размере 5-6 млрд бел. руб. (2-2.5 млрд долл. США). В апреле 2020 года президент Беларуси подписал указ о возмещении части затрат на улучшение электроснабжения эксплуатируемого жилищного фонда и затрат, связанных с повышением эффективности использования электроэнергии для отопления и горячего водоснабжения. Компенсация составляет 20% затрат, но не должна превышать 40 базовых величин (1 бв – 27 бел. руб.), что эквивалентно около 495 долл. США. Этой субсидией, предоставляемой местными бюджетами (6.6 млн долл. США), по оценкам, воспользуется около 15 000 потребителей. Правительством Беларуси еще не определены сроки перехода к полному возмещению затрат в тарифах на услуги отопления и газоснабжения для населения.

В апреле 2020 года правительство **Грузии** объявило о пакете восстановления экономики объемом 3.5 млрд лари (примерно 1.1 млрд долл. США). Для смягчения воздействия пандемии COVID-19 из государственного бюджета финансировалась оплата счетов за коммунальные услуги домохозяйств за три месяца (март, апрель, май 2020 года). Согласно данным Национальной комиссии по регулированию энергетики и водоснабжения Грузии, на эту программу выделено примерно 150 млн лари (43.5 млн долл. США). Более 1.2 млн потребителей электроэнергии и более 670 000 потребителей природного газа получили субсидию. Любой потребитель, отвечающий установленным критериям, мог отказаться от оплаты счетов из государственного бюджета. За эти три месяца более 9 600 потребителей отказались от получения субсидии в знак солидарности. В марте 2020 года 3 534 потребителя отказались от субсидии; в апреле – еще 4 600 потребителей.

Для поддержки предприятий и экономики правительство Молдовы приняло пакет мер в размере 2.5 млрд леев (150 млн долл. США). Этим пакетом не предусмотрены конкретные меры в энергетике. Вместе с тем, принят нормативный акт о запрете отключения потребителей в случае несвоевременных платежей за коммунальные услуги: в частности, за электроэнергию и отопление.

Список источников

Center of Public Monitoring and Control of Ukraine (2019), "Monetisation of subsidies: Did the experiment succeed?", 2 September, Center of Public Monitoring and Control, https://naglyad.org/uk/2019/09/02/monetizatsiya-subsidij-eksperiment-vdavsya/. [31]

EITI (2020), "EITI Status of Armenia", webpage, https://eiti.org/armenia (accessed on 5 February 2021). [10]

EITI (2020), "EITI Status of Ukraine", webpage, https://eiti.org/ukraine#eiti-reports-and-other-key-documents (accessed on 5 February 2021). [8]

EITI (2018), "EITI Status of Azerbaijan", webpage, https://eiti.org/azerbaijan (accessed on 4 February 2021). [11]

Ekonomichna Pravda (2018), "The price of imported gas for Ukraine exceeded USD 300", 20 September, Ekonomichna Pravda, https://www.epravda.com.ua/news/2018/09/20/640759/. [15]

Eurostat (2019), "European Neighbourhood Policy: East – Economic Statistics", webpage, https://ec.europa.eu/eurostat/statistics-explained/index.php/European_Neighbourhood_Policy_-_East_-_economic_statistics#General_government_deficit_and_debt (accessed on 30 November 2020). [22]

EY (2018), *EITI National Report of Ukraine 2016*, EY, City, https://eiti.org/files/documents/english_2016_ua_eiti_report.pdf. [9]

Fitch Ratings (2020), "Fitch affirms Azerbaijan's SOCAR at 'BB+'; Outlook stable", 28 January, Rating Action Commentary, Fitch Ratings, https://www.fitchratings.com/research/corporate-finance/fitch-affirms-azerbaijan-socar-at-bb-outlook-stable-28-01-2020. [20]

Fitch Ratings (2020), "Fitch affirms Naftogaz at 'B'; Outlook positive", 2 April, Rating Action Commentary, Fitch Ratings, https://www.fitchratings.com/research/corporate-finance/fitch-affirms-naftogaz-at-b-outlook-positive-02-04-2020. [19]

IEA (2020), *Data and statistics*, database, https://www.iea.org/data-and-statistics/data-tables?country=WORLD (accessed on 14 January 2021). [12]

IEA (2019), *Energy Subsidies - Tracking the impact of Fossil-Fuel Subsidies*, webpage, https://www.iea.org/topics/energy-subsidies (accessed on 12 June 2020). [14]

John Hopkins University & Medicine (2021), "Armenia", *Coronavirus Resource Center*, (database), https://coronavirus.jhu.edu/region/armenia (accessed on 30 April 2021). [32]

Kojima, M. and D. Koplow (2015), "Fossil fuel subsidies: Approaches and valuation", *Policy Research Working Papers*, No. 7220, World Bank Group, Washington, DC, https://openknowledge.worldbank.org/handle/10986/21659. [5]

Miljević, D. (2020), *Investments into the Past. An Analysis of Direct Subsidies to Coal and Lignite Electricity Production in the Energy Community Contracting Parties 2018-2019*, Energy Community, https://energy-community.org/news/Energy-Community-News/2020/12/02.html. [24]

Ministry of Finance of Ukraine (2020), *List of Tax Benefits and Charges (Mandatory Payments) with Estimates of the Revenue Forgone for the Consolidated Budget of Ukraine in 2019 and Forecast for 2020 (Prepared within Budget Supporting Documentation)*, Ministry of Finance of Ukraine, Kyiv, http://w1.c1.rada.gov.ua/pls/zweb2/webproc4_1?pf3511=66853. [7]

Ministry of Social Policy of Ukraine (2019), "Large-scale monetisation of subsidies has started in Ukraine", 1 March, News, Ministry of Social Policy of Ukraine, Kyiv, https://www.msp.gov.ua/news/16768.html. [30]

Naftogaz Group (2019), *Annual Report 2019 – On to New Heights*, Naftogaz Group, Kyiv, https://www.naftogaz.com/files/Zvity/Naftogaz_2019_EN.pdf. [18]

Naftogaz of Ukraine (2016), *Annual Report 2016 – In the Black*, Naftogaz of Ukraine, Kyiv, https://www.naftogaz.com/files/Zvity/Anual_report_eng_170608.pdf. [17]

Natural Resource Governance Institute (2020), *National Oil Company Database*, (database), https://www.nationaloilcompanydata.org/ (accessed on 30 October 2020). [21]

NEURC (2016), "Stages of Tariff Changes for Electricity for Household Consumers", webpage, https://www.nerc.gov.ua/?id=19527 (accessed on 1 June 2020). [16]

OECD (2018), *Inventory of Energy Subsidies in the EU's Eastern Partnership Countries*, Green Finance and Investment, OECD Publishing, Paris, https://dx.doi.org/10.1787/9789264284319-en. [1]

OECD (2015), *OECD Companion to the Inventory of Support Measures for Fossil Fuels 2015*, OECD Publishing, Paris, https://dx.doi.org/10.1787/9789264239616-en. [2]

OECD (2013), *Analysing Energy Subsidies in the Countries of Eastern Europe, Caucasus and Central Asia*, OECD Publishing, Paris, https://www.oecd.org/env/outreach/EHS%20report_20%20August%202013_ENG.pdf. [4]

State Statistics Service of Ukraine (2020), *Data on the Provision of Subsidies to Households in 2019*, State Statistics Service of Ukraine, Kyiv, http://www.ukrstat.gov.ua/express/expr2020/01/05.pdf. [29]

State Statistics Service of Ukraine (2019), *Data on the Provision of Subsidies to Households in 2018*, State Statistics Service of Ukraine, Kyiv, http://www.ukrstat.gov.ua/. [28]

State Statistics Service of Ukraine (2019), *Social and Demographic Characteristics of Households of Ukraine in 2019*, State Statistics Service of Ukraine, Kyiv, http://www.ukrstat.gov.ua/druk/publicat/kat_u/2019/zb/07/zb_sdhdu2019.pdf. [27]

State Statistics Service of Ukraine (2018), *Social and Demographic Characteristics of Households of Ukraine in 2018*, State Statistics Service of Ukraine, Kyiv, http://www.ukrstat.gov.ua/druk/publicat/kat_u/2018/zb/07/zb_sdhdu2018pdf.pdf. [26]

State Treasury Service of Ukraine (2020), *Reports on the Execution of the State Budget for the Period 2010-2019*, State Treasury Service of Ukraine, Kyiv, https://www.treasury.gov.ua/ua/file-storage/vikonannya-derzhavnogo-byudzhetu. [6]

Trade Economics (2020), "Azerbaijan Gasoline Prices", *Trading Economics*, (database), https://tradingeconomics.com/azerbaijan/gasoline-prices (accessed on 12 June 2020). [13]

Voitko, A. (2015), "This year's spending on subsidies 'bypassed' last year's billions", 21 December, Housing News, Chief Expert of Housing and Communal Services of Ukraine, Kyiv, http://statistic.jkg-portal.com.ua/ua/publication/one/vitrati-u-comu-roc-na-subsidji-objshli-minulorchn-na-mljardi-45933. [25]

World Bank (2020), "Economy", *World Bank Open Data*, (database), https://data.worldbank.org/ (accessed on 19 June 2020). [23]

World Bank (2020), *Global Economic Prospects, June 2020*, World Bank, Washington DC, https://www.worldbank.org/en/publication/global-economic-prospects. [33]

WTO (1996), *Agreement on Subsidies and Countervailing Measures*, World Trade Organization, Geneva, https://www.wto.org/english/docs_e/legal_e/24-scm_01_e.htm. [3]

Примечания

[1] На момент подготовки доклада Армения, Грузия, Молдова и Украина подписали ССКМ, а Азербайджан и Беларусь находились на различных этапах процесса вступления в ВТО.

[2] Цена импортируемого товара на границе, которая включает международные транспортные затраты и тарифы.

[3] Цена товара на ближайшем международном хабе, скорректированная с учетом ряда переменных, таких как затраты на транспортировку, страхование, внутреннее распределение и реализацию.

[4] С 1 января 2021 года Кабинет министров Украины отменил сниженный тариф для населения за первые 100 кВт·ч потребленной электроэнергии (0.9 грн/кВт·ч) и установил фиксированную цену для населения на уровне 1.68 грн/кВт·ч.

[5] В некоторых случаях сложно оценить величину субсидирования конкретных энергоносителей, поскольку данные из государственных источников агрегированы в отношении нескольких видов топлива. Например, в Азербайджане агрегированы данные по субсидиям на сырую нефть и природный газ. Другие страны аналогичным образом отражают в отчетности субсидии на природный газ и электроэнергию – как одну категорию. В некоторых случаях правительство Украины указывает поддержку нескольких видов топлива, таких как уголь, мазут и природный газ как одну субсидию.

[6] Министерство финансов Армении не считает освобождение от акциза на импорт природного газа субсидией. Согласно налоговому законодательству этой страны, импортированный природный газ не облагается акцизом. Поэтому он не включен в перечень товаров, освобожденных от акциза. Вместе с тем все другие основные виды ископаемого топлива в Армении облагаются акцизом. Ими являются смазочное масло, сырая нефть и нефтепродукты, компримированный природный газ, полученные из нефти газы и другие углеводороды, бензин и дизельное топливо. В отличие от других видов ископаемого топлива, импортированный природный газ освобожден от акциза. Это приводит к возникновению налоговых расходов, поэтому в данном исследовании эта налоговая льгота учитывается как субсидия.

3 Основные элементы политики ценообразования и налогообложения в энергетическом секторе стран Восточного партнерства

В этой главе речь идет об основных элементах политики ценообразования и налогообложения в энергосекторе шести стран Восточного партнерства (ВП) Европейского союза (Азербайджане, Армении, Беларуси, Грузии, Республике Молдова и Украине), непосредственно или косвенно влияющих на субсидирование ископаемых видов топлива. В главе приведен обзор основных макроэкономических тенденций, которые характеризуют экономику этих стран, с учетом вызванных пандемией COVID-19 изменений. Наконец, в главе обсуждается структура энергобаланса и энергопроизводительность стран ВП, а также изменения политики ценообразования и налогообложения в энергосекторе и их значение для реформирования субсидий на ископаемые виды топлива.

Макроэкономические тенденции

Страны Восточного партнерства (ВП) Европейского союза (Армения, Азербайджан, Беларусь, Грузия, Республика Молдова и Украина) отличаются численностью населения, размером экономики и уровнем экономического развития[1]. Экономика Украины – крупнейшая из этих шести стран и опережает их с большим отрывом. В 2018 году ее валовой внутренний продукт (ВВП) составлял 130.8 млрд долл. США. За ней следуют Беларусь и Азербайджан с ВВП 59.7 млрд долл. США и 46.9 млрд долл. США, соответственно. Размеры экономики Грузии, Армении и Республики Молдова (в дальнейшем «Молдова») наименьшие (Рисунок 3.1). Однако показатель ВВП на душу населения в 2018 году был самым высоким в Беларуси и Азербайджане: примерно 20 000 долл. США и 18 000 долл. США (в текущих международных долларах по паритету покупательной способности – ППС), соответственно (Рисунок 3.1). В 2018 году самые высокие темпы роста ВВП были в Армении и Грузии.

В 2018 году население стран ВП составляло примерно 73.4 млн человек. В 2020 году все страны ВП были затронуты пандемией коронавируса. На момент подготовки этого доклада они пересматривали краткосрочные макроэкономические прогнозы и бюджетные расходы.

Таблица 3.1. Основные экономические показатели стран ВП в 2018 году

	Население, в млн человек	Годовой прирост ВВП, %	ВВП в текущих ценах, млрд долл. США
Армения	3.0	5.2	12.4
Азербайджан	9.9	1.5	46.9*
Беларусь	9.5	3.1	59.7
Грузия	3.7	4.8	17.6
Молдова	2.7	4.3	11.4
Украина	44.6	3.3	130.8

Примечание: *Согласно национальной статистике, предоставленной Министерством экономики Азербайджана, в 2018 году ВВП Азербайджана составлял 47.1 млрд долл. США.
Источник: World Bank (2020)[1].

Для обеспечения межстрановой сопоставимости в настоящей главе используются открытые данные Всемирного банка и другие международные источники статистической информации. Следует отметить, что обменные курсы валют шести стран испытывали сильные колебания в 1991-2019 годах. В частности, из-за падения в 2015 году курса валют в большинстве стран региона по отношению к доллару США, их ВВП в долларовом эквиваленте снизился, несмотря на рост экономики в реальном выражении (Приложение А).

Несмотря на множество различий между ними, шесть стран имеют ряд сходных преимуществ, включая наличие квалифицированной рабочей силы, а также продолжающийся процесс открытия их экономик для новых торговых и инвестиционных возможностей. Армения, Грузия, Молдова и Украина являются членами Всемирной торговой организации (ВТО), тогда как Азербайджан и Беларусь ведут переговоры о вступлении в нее. По состоянию на март 2017 года все шесть стран ВП подписали Договор к Энергетической хартии Европейского союза (ЕС) для содействия торговле энергоресурсами и инвестициям в энергетику[2]. Договор ратифицирован всеми странами, за исключением Беларуси, которая применяет его положения на временной основе (IEC, n.d.[2]). Армения и Беларусь являются также членами Евразийского экономического союза (ЕАЭС)[3] и связанного с ним Таможенного союза, что обеспечивает дальнейшую интеграцию энергосистем этих стран.

Рисунок 3.1. ВВП на душу населения (в текущих долл. США, ППС)

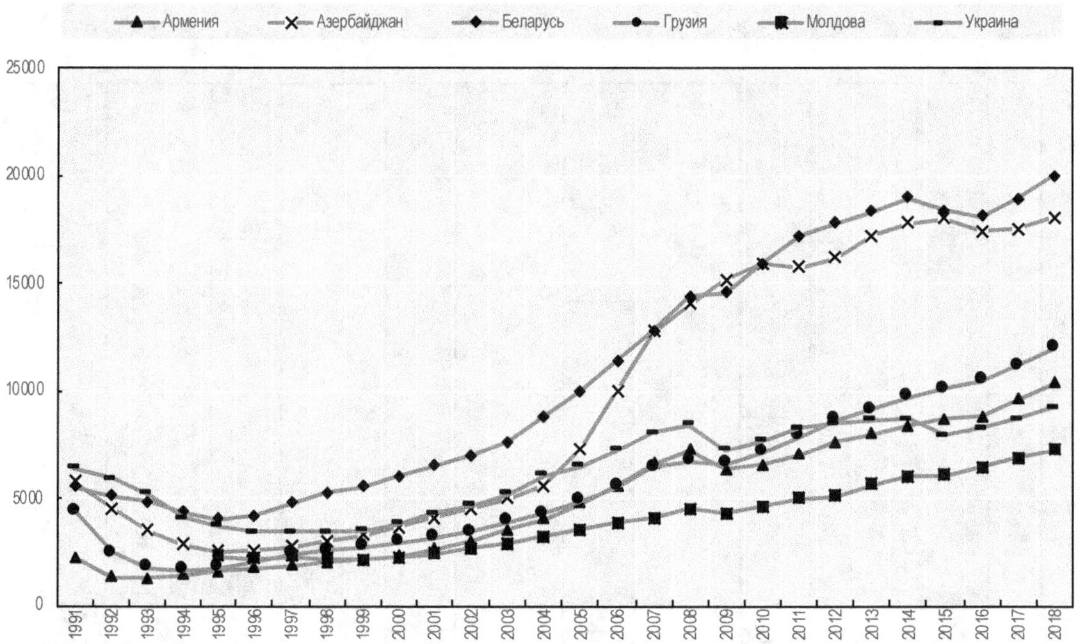

Источник: World Bank (2020[1]).

У стран ВП сходная макроэкономическая динамика, для которой характерен резкий спад ВВП в первые годы после распада Советского Союза в 1991 году, сменившийся восстановлением экономического роста в результате реструктуризации и модернизации экономики в конце 1990-х и в 2000-е годы. С 1991 по 2018 годы экономика всех шести стран ВП выросла в реальном исчислении (World Bank, 2020[1]). Страны сформировали крупный сектор услуг, на который приходится более трети добавленной стоимости в экономике каждой из стран ВП (Рисунок 3.2). Вместе с тем более 10% ВВП в большинстве стран, кроме Азербайджана и Беларуси, составляют денежные переводы (Рисунок 3.2).

Рисунок 3.2. Структура экономики и доля денежных переводов от ВВП, 2018 год

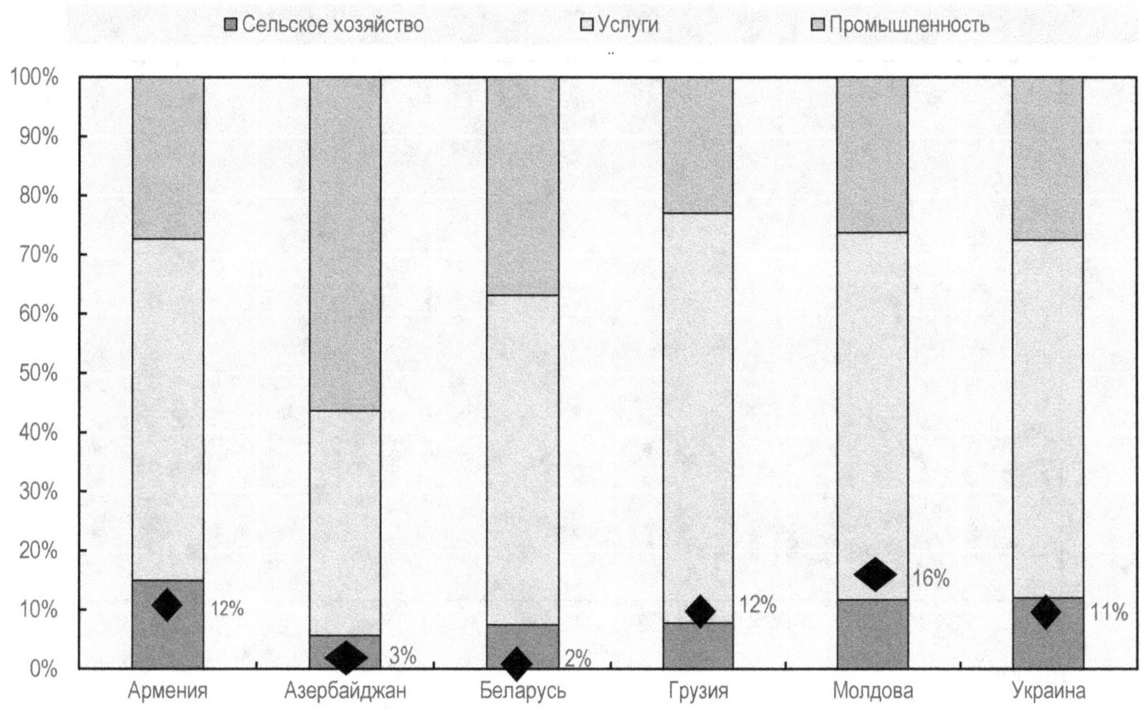

■ Сельское хозяйство □ Услуги □ Промышленность

Страна	Доля денежных переводов от ВВП
Армения	12%
Азербайджан	3%
Беларусь	2%
Грузия	12%
Молдова	16%
Украина	11%

Примечание: Доля денежных переводов от ВВП показана в форме черного ромба.
Источник: World Bank (2020[1]).

Экономические показатели этих шести стран чувствительны к колебаниям на международных рынках сырьевых товаров[4] и региональным связям. Все страны ВП испытывают существенную нагрузку на бюджет: в 2018 году дефицит центрального бюджета варьировался от 0.3% в Азербайджане до 1.9% в Украине, тогда как Беларусь была единственной страной с профицитом бюджета (4%) (Eurostat, 2019[3]).

Кризис, связанный с пандемией COVID-19, значительно ухудшил экономические показатели стран ВП в 2020 году. Кризис в области здравоохранения спровоцировал экономический кризис, который перерос в глобальную рецессию. Пандемия вызвала обвал цен на сырьевые товары, сокращение туризма, денежных переводов и экспорта, а также нарушения в цепях поставок и замешательству на финансовых рынках.

Пандемия COVID-19 выявила факторы уязвимости стран и их недостаточную готовность к урегулированию серьезных кризисов. Согласно данным Международного Валютного Фонда (IMF, 2021[4]), в 2020 году реальный экономический рост в регионе ВП сократился в среднем на 5.1%. Самый глубокий экономический спад испытали Армения и Молдова (–7.8% и –7.5%, соответственно), за ними следовала Грузия (–6.1%). В Азербайджане и Украине ситуация была несколько «лучше» (–4.3% и –4.2%, соответственно). В Беларуси в 2020 году реальный экономический рост сократился на 0,9%. По прогнозам, в 2021 году экономический рост в регионе возобновится по мере постепенного восстановления глобальных цен на сырьевые товары, укрепления торговли и повышения внутреннего спроса. Вместе с тем, многие факторы неопределенности сохраняются.

Энергетический баланс и энергопроизводительность

Энергетические системы стран ВП прошли через несколько этапов реформирования и реструктуризации, которые были частью общего политического и экономического перехода от центрального планирования к рыночным принципам. Характер этих процессов, которые все еще продолжаются в странах региона, определялся несколькими основными факторами.

За исключением Азербайджана, страны ВП являются нетто-импортерами энергоресурсов. Таким образом, энергетическая безопасность – важный вопрос для большинства стран региона. При этом основными поставщиками энергоресурсов являются Российская Федерация (в дальнейшем «Россия»), Азербайджан и в некоторой степени государства Центральной Азии (такие как Казахстан, Туркменистан). В то же время страны ВП занимают стратегически выгодное географическое положение между значительными экспортерами энергоресурсов – Россией и странами Центральной Азии, с одной стороны, Европейским союзом и Китайской Народной Республикой – крупным потребителем природного газа и нефти, с другой.

Рисунок 3.3. Общее предложение энергии в странах ВП в 2017 году, в млн т н.э.

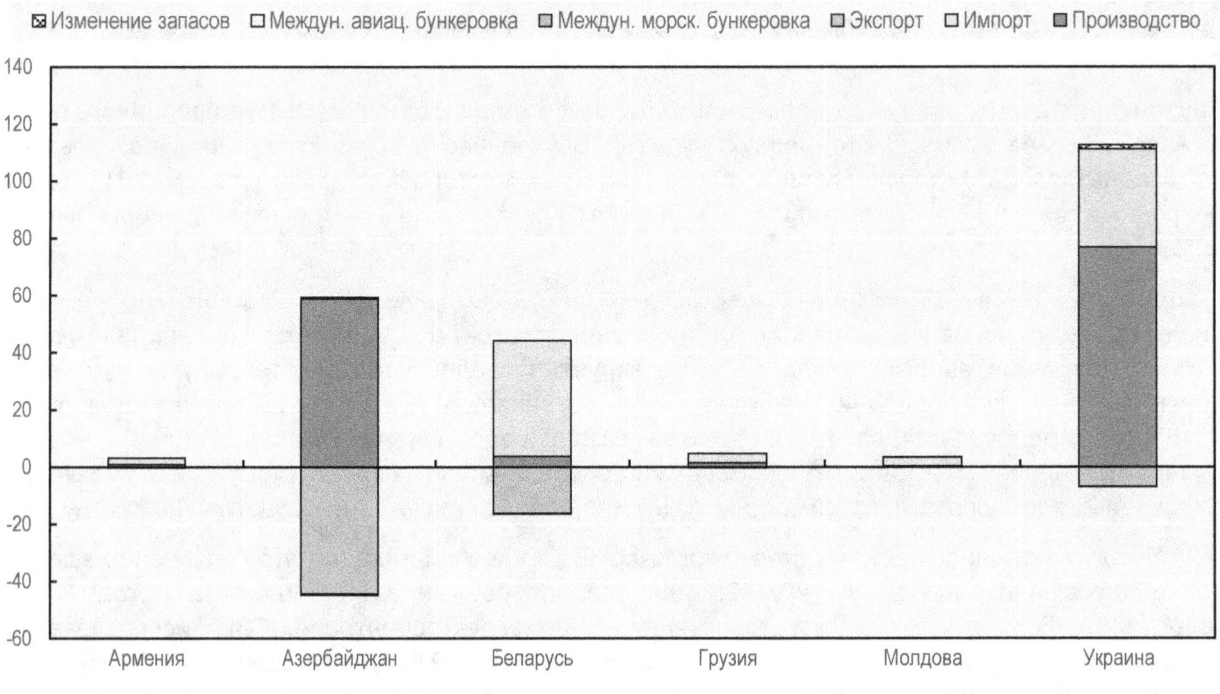

Примечание: млн т н.э. — миллион тонн нефтяного эквивалента.
Источник: IEA (2020[5]).

Ископаемые виды топлива сохраняют господствующие позиции в энергетике региона. Во всех странах ВП, за исключением Украины, произошло увеличение доли природного газа в общем предложении первичной энергии за счет снижения доли мазута. Это связано с несколькими факторами. В случае Азербайджана – с увеличением собственного производства природного газа, тогда как в Беларуси, Армении, Молдове и в некоторой степени Грузии основным фактором стала возможность импорта природного газа по приемлемым ценам, главным образом из России. Кроме того, в этих странах введены рыночные подходы к ценообразованию на нефтепродукты после распада Советского Союза. Вставка 3.1 приводит дополнительные сведения о структуре энергобаланса в отдельных странах ВП.

Вставка 3.1. Структура энергобаланса стран ВП

В **Армении** отсутствует добыча ископаемых видов топлива. Внутреннее производство электроэнергии, а также импорт природного газа удовлетворяют большую часть потребностей страны в энергии. Импортированный природный газ доминирует в структуре общего предложения энергии (ОПЭ) Армении. В 2017 году его доля составила 61% от ОПЭ Армении и 85% от потребления ископаемого топлива (с учетом реактивного топлива).

Азербайджан богат месторождениями нефти и природного газа и за последнее десятилетие стал крупным производителем энергоресурсов. По состоянию на 2019 год общие доказанные запасы нефти и природного газа составляют 7 000 млн баррелей и 2.1 трлн куб. м, соответственно. В 2018 году добыча нефти составила 39.2 млн т[5], что примерно на 24% меньше максимального объема добычи – 51.3 млн т, достигнутого в 2010 году. В 2017 году на природный газ и нефть приходилось 64% и 35% ОПЭ соответственно.

Беларусь – нетто-импортер энергоресурсов, при этом собственные источники покрывают лишь 15% ОПЭ. Эта страна очень зависит от импорта природного газа и нефти для производства электроэнергии (97% генерации на природном газе). В 2017 году ее ориентированная на экспорт нефтеперерабатывающая и нефтехимическая промышленность экспортировала примерно 13 млн т н.э. нефтепродуктов, что послужило важным источником твердой валюты для страны.

Грузия – нетто-импортер энергоресурсов. Она во многом опирается на импорт природного газа из Азербайджана, а также нефтепродуктов и угля. Внутреннее производство энергии базируется на использовании гидроэнергетики, биомассы и в некоторой степени угля. В 2017 году природный газ и нефть составляли 41% и 30% ОПЭ соответственно, а доля гидроэнергетики – 16%.

Молдова в значительной степени зависит от импорта энергоресурсов поскольку внутреннее производство (в основном на основе биотоплива и отходов) в 2017 году составляло примерно 21% предложения энергии. Молдова импортирует природный газ, нефтепродукты, уголь и электроэнергию: два последних энергоносителя составляли 51% и 23% ОПЭ, соответственно. В 2018 году Молдова начала строительство газопровода Унгень-Кишинев (120 км), чтобы диверсифицировать поставки газа из России и присоединиться к европейскому газовому рынку. Строительство газопровода стоимостью 70-90 млн евро планируется завершить в 2021 году.

В 2017 году внутреннее производство покрывало 66% ОПЭ **Украины**, при этом крупнейшие доли приходились на атомную энергетику (22.4 млн т н.э.), природный газ (15.5 млн т н.э.) и уголь (13.7 млн т н.э.). В этом же году электростанции и теплоэлектроцентрали (ТЭЦ) использовали примерно треть предложения энергии для производства 156 ТВт·ч электроэнергии. Атомные и угольные электростанции составляли 54% и 32% от общего производства электроэнергии, соответственно.

Источник: на основе данных IEA (2020[5]).

Роль возобновляемых источников энергии остается незначительной во всех странах региона за исключением Грузии, в электроэнергетике которой преобладает гидрогенерация. Беларусь, Украина и Молдова также используют биомассу и биотопливо в качестве источников энергии. Армения и Украина имеют атомные электростанции, тогда как в Беларуси завершается строительство первой в стране АЭС (запуск первого блока несколько раз откладывался).

В процессе перехода от плановой экономики к рыночной системе страны столкнулись с проблемой недостатка доходов и капитала для поддержания энергетической инфраструктуры в адекватном состоянии и ее модернизации, а также с возникновением потребности в новых источниках финансирования. До настоящего времени основу энергетической инфраструктуры стран ВП составляют унаследованные от советского периода изношенные активы, результатом чего стала высокая энергоемкость экономики региона. Рисунок 3.4 показывает, что в 2017 году все страны ВП производили больше ВВП (в долл.) на единицу потребленной энергии, чем в 1990 году.

В странах ВП имеет место определенный прирост энергопроизводительности, но его показатели отличаются. Азербайджан находится в особом положении страны-экспортера энергоресурсов. С 1990 года Армения занимает лидирующие позиции, энергопроизводительность ВВП которой повысилась более чем пятикратно. В то же время Украина увеличила энергопроизводительность в 1.8 раза, что составляет чуть более половины прироста энергопроизводительности, достигнутого в Беларуси.

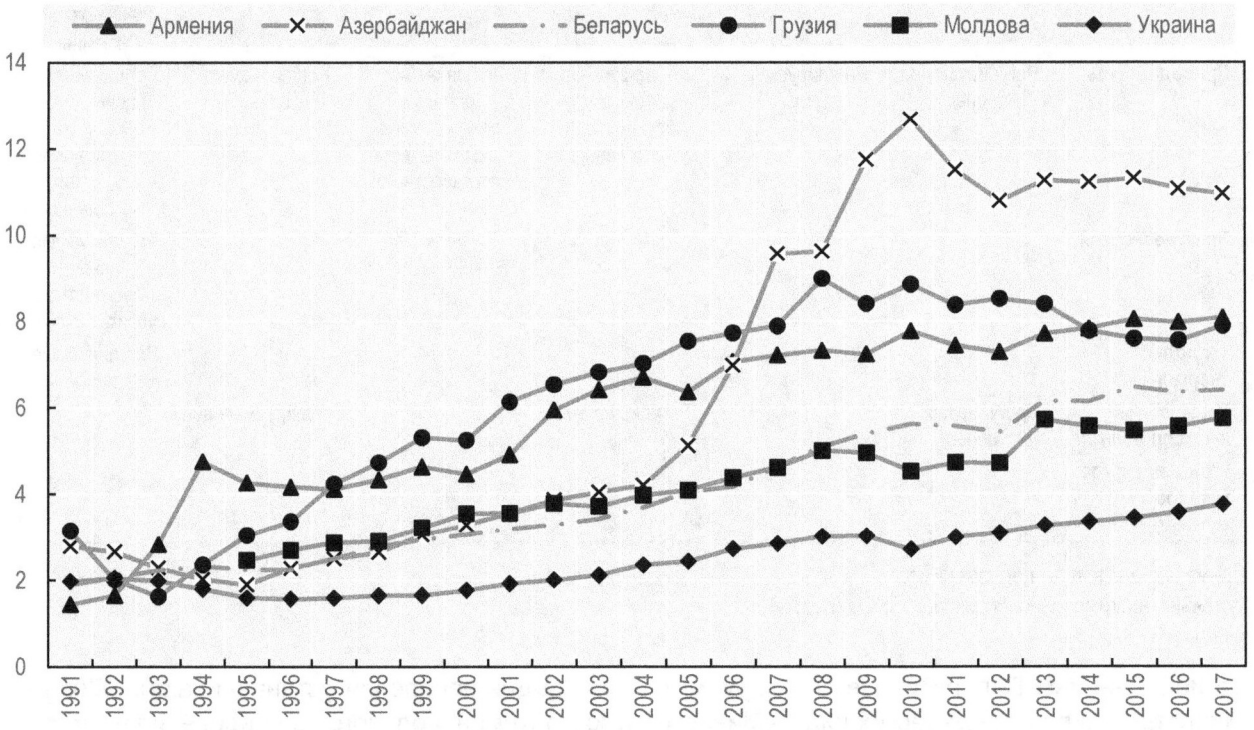

Рисунок 3.4. Энергопроизводительность в странах ВП, ВВП на единицу потребленной энергии, постоянные долл. США 2011 г. (ППС) на кг нефтяного эквивалента

Источник: рассчитанный показатель на основе данных из World Bank (2020[1]) и IEA (2020[5]).

Политика ценообразования в энергетике

Установление цен на энергоресурсы в странах ВП в значительной степени регулируется государством. Чаще всего для описания механизмов ценообразования в энергосекторе стран ВП используется термин «тарифное регулирование». Вопросы либерализации цен на энергоресурсы остаются чувствительными с социальной и политической точек зрения, поскольку по-прежнему считается, что регулирование цен имеет важное значение для защиты социально уязвимых групп населения, обеспечения конкурентоспособности промышленности и ограничения инфляции. Некоторые страны отказались от «общих» субсидий, предоставляемых посредством низких тарифов, в пользу более адресных механизмов поддержки. Таблица 3.2 приводит общий обзор основных характеристик политики ценообразования на энергоносители в странах ВП.

Таблица 3.2. Основные характеристики политики ценообразования на энергоносители в странах ВП по состоянию на конец 2019 года

	Армения	Азербайджан	Беларусь	Грузия	Молдова	Украина
Официальный орган, ответственный за установление тарифов	Комиссия по регулированию общественных услуг	Тарифный совет	Совет Министров, Министерство антимонопольного регулирования и торговли	Национальная комиссия по регулированию энергетики и водоснабжения Грузии	Национальное агентство по регулированию в энергетике	Национальная комиссия, осуществляющая государственное регулирование в сферах энергетики и коммунальных услуг, Кабинет Министров Украины
Природный газ	Регулируемые цены	Регулируемые цены	Регулируемые цены, перекрестное субсидирование	Главным образом регулируемые цены, элементы перекрестного субсидирования и свободного ценообразования	Регулируемые цены	Регулируемые цены для населения, нерегулируемые цены для промышленности
Электроэнергия						Регулируемые цены, перекрестное субсидирование
Тепловая энергия	н. п.			н. п.		Регулируемые цены
Жидкие нефтепродукты	Нерегулируемые цены		Регулируемые цены	Нерегулируемые цены		
Уголь и другое твердое топливо						

Примечание: * н. п. — неприменимо.
Источник: адаптировано из доклада OECD (2018[6]).

За исключением Беларуси, где регулируемые тарифы для населения устанавливаются Советом Министров, а для юридических лиц — Министерством антимонопольного регулирования и торговли (кроме тепловой энергии, производимой структурами, не входящими в Государственное производственное объединение «Белэнерго»), все страны ВП создали специальные органы по установлению тарифов в энергетике. Однако степень, в которой эти органы стали независимыми регуляторами, варьируется в зависимости от стран и конкретного этапа реформ. Распространенной остается практика вмешательства государственных органов и государственных энергетических компаний в ценообразование в энергосекторе, что приводит к неполному возмещению производственных затрат энергетического сектора.

Тарифы на природный газ, тепловую и электрическую энергию регулируются во всех странах ВП для потребителей, а во многих случаях и для производителей. Как правило, для различных групп потребителей и производителей устанавливаются дифференцированные тарифы. Официальные методики определения тарифов на большинство видов энергоресурсов находятся в открытом доступе и основаны на так называемом принципе «затраты-плюс», по крайней мере, теоретически. Однако методика «затраты-плюс» часто обеспечивает возмещение только операционных затрат. Этого недостаточно для возмещения долгосрочных расходов на инвестиции и модернизацию. В наименьшей степени государственным регулированием затронут рынок жидких нефтепродуктов – цены в этом секторе регулируются только в Азербайджане и Беларуси. Политика ценообразования, включая конкретные методики, структуру тарифов и процедуры регулирования, в регионе ВП продолжает эволюционировать. Например, Национальная комиссия по регулированию энергетики и водоснабжения Грузии отказалась от установления тарифов на основе меморандумов в соответствии с международными стандартами в секторах электроэнергетики и природного газа. Осуществляемое комиссией тарифное регулирование основано на ее нормативных актах (тарифных методологиях). В 2018 году Молдова снизила тарифы на электроэнергию и природный газ на 10% и 20%, соответственно, в ответ на укрепление национальной валюты; тарифы на отопление остаются неизменными.

Второго декабря 2013 года Тарифный совет Азербайджана объявил о повышении верхних пределов регулируемых государством цен на бензин, дизельное топливо и природный газ для промышленных объектов. Это привело к повышениям цен на нефтепродукты примерно на 27–33% и на природный газ — почти на 50%. Очевидно, что это решение (первая корректировка с 2007 года) принято, чтобы компенсировать потерю доходов государства в связи с сокращением добычи нефти[6] (RFE/RL's Azerbaijani Service, 2013[7]). В предыдущие годы предложения Тарифного совета по повышению тарифов отклонялись в результате вмешательства администрации президента.

В 2014–2017 годы правительство Украины существенно повысило тарифы на коммунальные услуги и реформировало политику ценообразования. Это позволило сократить убытки поставщиков коммунальных услуг и впоследствии сократить или упразднить механизмы компенсаций. Вместо сохранения низких тарифов для всех групп населения по социальным и политическим соображениям, правительство постепенно реформировало программы социальной помощи, чтобы обеспечить адресную помощь домохозяйствам с низкими доходами (Вставка 2.3).

По сравнению с первой инвентаризацией энергетических субсидий в странах ВП (OECD, 2018[6]), политика ценообразования на энергоресурсы в странах ВП изменилась незначительно. Реформирование ценообразования в газовом секторе лежит в основе реформы субсидирования ископаемых топлив и сектора энергетики в целом. Среди стран ВП, Украина провела наиболее существенные реформы ценообразования в энергетике. В частности, тарифы на газ, электроэнергию и отопление для населения повышены до уровней, более близких к возмещению затрат; введение свободного ценообразования на энергоносители для промышленных потребителей и недавно – для бытовых потребителей природного газа[7]; укрепление программ адресной социальной помощи малоимущим. По-настоящему сложная задача для страны состоит в обеспечении того, чтобы новые правительства не отказались от этих реформ, а продолжили эту работу.

Кризис, связанный с пандемией COVID-19, а также падение международных цен на энергоресурсы в сочетании со сниженным на них спросом предоставляют еще одну возможность для стран этого региона. Правительства этих стран могут пересмотреть и деполитизировать политику ценообразования в энергосекторе (например, ввести формулы корректировки цен) и рассмотреть целесообразные меры защиты уязвимых слоев населения.

Основные элементы политики налогообложения в энергетическом секторе

На протяжении двух последних десятилетий страны ВП прилагали усилия по рационализации налоговых систем, стремясь снизить административные барьеры, упростить требования к налогоплательщикам и повысить собираемость налогов. В настоящее время основные налоги во всех странах ВП включают налог на добавленную стоимость (НДС), налог на прибыль организаций, подоходный налог с физических лиц, налог на имущество, земельный налог, а также единый налог для субъектов малого предпринимательства. Все эти налоги установлены на общенациональном уровне законодательными актами соответствующего парламента. Наряду с этим, в большинстве стран взимаются дополнительные местные налоги, дорожный налог на автотранспортные средства и платежи за загрязнение окружающей среды. В Беларуси применяется понижающий коэффициент в размере 0.27 к ставкам экологического налога на определенные виды выбросов. Этот коэффициент действует в отношении выбросов, возникающих при сжигании ископаемого топлива электростанциями, поставляющими электрическую и тепловую энергию населению, учреждениям социального обслуживания в сфере здравоохранения, туризма, спорта, образования и культуры (National Assembly of the Republic of Belarus, 2002[8]).

В добывающем секторе три страны, добывающие существенные объемы ископаемых видов топлива – Азербайджан, Беларусь и Украина – взимают налог на добычу полезных ископаемых (промысловый налог), ставки которого зависят от типа месторождения. Кроме того, в Азербайджане и Грузии существуют специальные режимы налогообложения для крупных энергетических проектов, реализуемых международными инвесторами (разработки месторождений или строительства трубопроводов), установленные в рамках соглашений о разделе продукции или соглашений с правительством принимающей стороны.

Импорт и экспорт энергетических продуктов облагается таможенными пошлинами. Кроме того, потребление бензина и дизельного топлива также облагается акцизом во всех странах ВП. Сжиженный нефтяной газ (СНГ) и компримированный природный газ (КПГ) тоже являются подакцизными товарами в большинстве стран ВП (Таблица 3.1). Для поощрения использования СНГ и КПГ во многих странах ЕС ставка акциза на эти виды топлива ниже, чем на бензин и дизельное топливо. Среди стран ВП такую практику применяет только Армения. Ставки акцизного налога определяются правительствами стран. Правительства относительно часто пересматривают эти ставки с учетом колебаний цен на энергоресурсы на международных рынках и для обеспечения достаточных доходов национального бюджета. В Азербайджане, Беларуси и Украине установлены дифференцированные ставки акцизного налога в зависимости от марки бензина и дизельного топлива, тогда как в Армении, Грузии и Молдове действуют единые ставки акциза как на бензин, так и на дизельное топливо. Акциз на электроэнергию взимается только в Украине. Природный газ и тепловая энергия акцизным налогом в странах ВП не облагаются.

Акцизы на топливо часто рассматриваются как неявная плата за выбросы углерода. Акцизы на топливо схожи с углеродным налогом тем, что налоговое обязательство увеличивается пропорционально объему потребления ископаемого топлива. Вместе с тем, акциз не обеспечивает стабильную ставку за выбросы углерода для всех видов топлива, поскольку применяется только в отношении некоторых его видов. С административной точки зрения, достаточно просто реформировать акцизы на топливо с тем, чтобы лучше согласовать использование ископаемых топлив с последствиями для изменения климата (OECD, 2021[9]).

НДС и акцизные налоги учтены в конечной цене энергетических продуктов и, как следствие, имеют значение в более широком контексте регулирования цен на энергию в странах ВП (см. предыдущий раздел). Освобождение от налогообложения и регулирование ставок акцизного налога относятся к числу инструментов, используемых правительствами стран ВП для снижения потребительских цен на энергоресурсы. Например, в Армении до конца 2017 года действовало освобождение от НДС на импорт дизельного топлива. Кроме того, налоговые льготы также используются в регионе в качестве меры стимулирования инвестиций (см. главу 2, раздел о бюджетных трансфертах и выпадающих доходах).

Ни в одной стране ВП, за исключением Украины, не существует явного налога за выбросы углерода. Украина ввела углеродный налог с принятием в 2010 году нового Налогового кодекса. Изначально ставка углеродного налога на выбросы из стационарных источников была низкой, но в 2019 году повышена до 10 грн/тCO_2 (0.4 долл. США/тCO_2) (Parliament of Ukraine, 2010[10]). В апреле 2021 года Министерство финансов подало в парламент так называемый «ресурсный» законопроект. Этим законопроектом среди прочего предусмотрено повышение ставки углеродного налога с 10 грн/тCO_2 до 30 грн/тCO_2 (1.08 долл. США/тCO_2) (Interfax-Ukraine, 2021[11]).

Правительство Украины понимает, что углеродный налог на уровне 1 долл. США или ниже практически не будет влиять на цены на энергоносители. В условиях, когда ставка углеродного налога в Украине по-прежнему является низкой относительно цен на ископаемое топливо и по сравнению со стоимостью многих технологий сокращения выбросов CO_2, этот налог выполняет, в основном, фискальную функцию. Вместе с тем, несмотря на низкую ставку, налог оказывает влияние на предприятия страны. Наряду с этим, углеродный налог обладает потенциалом для мобилизации дополнительных ресурсов, которые можно направить на поддержку новых «зеленых» инвестиций в стране.

Армения тоже выразила заинтересованность в углеродном налоге. Правительство страны взяло на себя обязательство относительно углеродного налога в своих Определяемых на национальном уровне вкладах (ОНУВ), подготовленных к Парижскому саммиту по изменению климата в 2015 году. Вместе с тем, этим документом не предусмотрены конкретные сроки введения такого налога. Как Армения, так и Украина рассматривают возможность использования доходов от углеродного налога для финансирования проектов по предотвращению и адаптации к изменению климата.

Страны ОЭСР используют в качестве базовой ставку углеродного налога на уровне 30 евро за т CO_2. По оценкам, это нижний предел цены за выбросы углерода, которую необходимо установить в ближайшей перспективе для обеспечения согласованности с целью достижения нетто-нулевых выбросов CO_2 (OECD, 2021[9]). Предполагается, что в 2030-е годы цена за выбросы углерода повысится до 120 евро. В соответствии с этими оценками, в мае 2021 года цена за выбросы углерода в ЕС впервые превысила 50 евро за т CO_2, что отражает ожидания рынка относительно изменений политики для стимулирований инвестиций в инновационные экологически чистые технологии.

Влияние углеродного ценообразования на цены энергоносителей вызывает особую обеспокоенность, поскольку это создает дополнительную ценовую нагрузку на домохозяйства и предприятия. Согласно оценкам одного из недавних исследований нескольких стран (IMF/OECD, 2021[12]), повышение углеродного налога до 50 долл. США за т CO_2 в 2030 году значительно увеличит цены на электроэнергию. Такое повышение налога, вероятно, увеличит цены на электроэнергию в Индонезии на 75%, в России – на 65%, в Южной Африке – на 61%, в Турции – на 60%, в Мексике – на 58%.

Структура энергоносителей, используемых странами для производства электроэнергии, определяет влияние углеродного ценообразования на конечную цену электроэнергии. Это влияние будет значительным для угольной (ввиду высокой углеродоемкости угля) и газовой генерации. В то же время влияние на розничные цены моторных топлив будет меньшим. Таким образом, последствия повышения углеродного налога для стимулирования декарбонизации экономики необходимо тщательно изучить. Кроме того, следует предусмотреть стимулы для обеспечения доступа к недорогим экологически чистым альтернативам.

Таблица 3.3. Ставки НДС и акциза на потребление энергоресурсов в странах ВП

	Армения	Азербайджан	Беларусь	Грузия	Молдова	Украина
Бензин						
Ставка НДС	20%	18%	20%	18%	20%	20%
Ставка акциза	Не дифференцирована по маркам	Дифференцирована по маркам	Дифференцирована по маркам	Не дифференцирована по маркам	Не дифференцирована по маркам	Дифференцирована по маркам
Дизельное топливо						
Ставка НДС	20%	18%	20%	18%	20%	20%
Ставка акциза	Не дифференцирована по маркам	Дифференцирована по маркам	Дифференцирована по маркам	Не дифференцирована по маркам	Не дифференцирована по маркам	Дифференцирована по маркам
Компримированный природный газ						
Ставка НДС	20%	18%	20%	18%	20%	20%
Ставка акциза	Да	Да	Да (в случаях, когда используется как моторное топливо)	Да	Нет	Да
Сжиженный нефтяной газ						
Ставка НДС	20%	18%	20%	18%	8% только для населения, 20% для других потребителей	20%
Ставка акциза	Да	Да	Да (в случаях, когда используется как моторное топливо)	Да	Да	Да (освобождение продаж для нужд населения на специализированных аукционах)
Природный газ						
Ставка НДС	20%	18%	20%	18%, освобождение от НДС природного газа, импортированного для ТЭС	8% только для населения, 20% для других потребителей	20%
Электроэнергия						
Ставка НДС	20%	18%	20%	18%	0% для населения, 20% для других потребителей	20%
Ставка акциза	Нет	Нет	Нет	Нет	Нет	3.2%
Тепловая энергия						
Ставка НДС	20%	18%	20%	18%	0% для населения, 20% для других потребителей	20%

Источник: адаптировано из доклада OECD (2018)[6].

Режим налогообложения в энергосекторе стран ВП практически не изменился со времени проведения первой инвентаризации энергетических субсидий в регионе, охватывавшей период

2010-2015 годов. За исключением Украины, страны ВП не применяют инструменты углеродного ценообразования. Однако, эти инструменты способствуют повсеместному сокращению использования углеродоемких энергоносителей компаниями и домохозяйствами и их переходу на более экологически чистые источники энергии. Это также служит важным ценовым сигналом для мобилизации частных инвестиций в экологически чистые технологии и при этом увеличивает доходы государства (IMF/OECD, 2021[12]). В этой связи, опыт Украины поможет извлечь ценные уроки. Вместе с тем, прежде чем вводить такой налог, правительствам стран ВП необходимо изучить его влияние на цены на энергоносители в своих странах.

Пакеты мер по восстановлению экономики, связанные с пандемией COVID-19, могут послужить для «перезагрузки» экономики стран на более «зеленой», устойчивой и инклюзивной основе. Правительствам стран ВП следует обеспечить отражение в этих пакетах их устремлений в области экологизации и усилении климатической политики. Реформа субсидий на ископаемое топливо, в том числе ценообразования и налогообложения в энергосекторе, предоставляет важнейшие меры политики для содействия «зеленому» развитию экономики. Такие меры помогают выполнять обязательства в области климатической политики и при этом получать доходы для финансирования неотложных социальных потребностей.

Список источников

Eurostat (2019), "European Neighbourhood Policy: East – Economic Statistics", webpage, https://ec.europa.eu/eurostat/statistics-explained/index.php/European_Neighbourhood_Policy_-_East_-_economic_statistics#General_government_deficit_and_debt (accessed on 30 November 2020). [3]

IEA (2020), "Energy balances", *Data and Statistics*, (database), https://www.iea.org/data-and-statistics/data-tables?country=WORLD (accessed on 13 May 2020). [5]

IEC (n.d.), *The Energy Charter Treaty*, International Energy Charter, Brussels, https://www.energycharter.org/process/energy-charter-treaty-1994/energy-charter-treaty/. [2]

IMF (2021), *World Economic Outlook*, (database), https://www.imf.org/en/Publications/WEO/weo-database/2021/April/select-country-group (accessed on 14 May 2021). [4]

IMF/OECD (2021), *Tax Policy and Climate Change: IMF/OECD Report for the G20 Finance Ministers and Central Bank Governors, April 2021*, Italy, https://www.oecd.org/tax/tax-policy/imf-oecd-g20-report-tax-policy-and-climate-change.htm. [12]

Interfax-Ukraine (2021), "Ministry of Finance proposes a three-step increase of the CO2 tax rate and a ten-time increase of the water discharge rate over a period of eight years", 22 April, Interfax, Ukraine News Agency, Kyiv, https://interfax.com.ua/news/economic/739371.html. [11]

National Assembly of the Republic of Belarus (2002), *Tax Code of the Republic of Belarus No. 166-3 of 19 December 2002 (with Amendments of 2009) and No. 71-3 of 29 December 2009*, National Assembly of the Republic of Belarus, Minsk, https://etalonline.by/document/?regnum=Hk0200166, https://etalonline.by/document/?regnum=Hk0900071. [8]

OECD (2021), *Taxing Energy Use for Sustainable Development: Opportunities for Energy Tax and Subsidy Reform in Selected Developing and Emerging Economies*, OECD, Paris, https://www.oecd.org/tax/tax-policy/taxing-energy-use-for-sustainable-development.htm. [9]

OECD (2018), *Inventory of Energy Subsidies in the EU's Eastern Partnership Countries*, Green Finance and Investment, OECD Publishing, Paris, https://doi.org/10.1787/9789264284319-en. [6]

Parliament of Ukraine (2021), *Draft Law on Amendments to the Tax Code of Ukraine and Certain Legislative Acts of Ukraine to Ensure Balance of Budget Revenues*, https://w1.c1.rada.gov.ua/pls/zweb2/webproc4_1?pf3511=72106. [13]

Parliament of Ukraine (2010), *Tax Code of Ukraine No. 2 755-VI of 2 December 2010 (with Amendments)*, Parliament of Ukraine, Kyiv, https://zakon.rada.gov.ua/laws/show/2755-17#Text. [10]

RFE/RL's Azerbaijani Service (2013), "Azerbaijani prices for gasoline, natural gas rise sharply", 3 December, RadioFreeEurope/RadioLiberty, https://www.rferl.org/a/azerbaijan-raises-gas-prices/25188225.html. [7]

World Bank (2020), *Economy*, (database), https://data.worldbank.org/ (accessed on 23 June 2020). [1]

Примечания

¹ В главе использованы данные из международных источников для обеспечения межстрановой сопоставимости.

² Договор к Энергетической хартии создает основу международного сотрудничества между европейскими и другими промышленно развитыми странами. Это сотрудничество призвано развивать энергетический потенциал стран Центральной и Восточной Европы и обеспечить надежность поставок энергоресурсов в Европейский союз. В этой связи страны обеспечивают функционирование более открытых и конкурентоспособных энергетических рынков при соблюдении принципов устойчивого развития и суверенитета в отношении энергоресурсов. Основные положения договора касаются защиты инвестиций, торговли энергетическими материалами и продуктами, транзита и урегулирования споров.

³ Евразийский экономический союз (ЕАЭС) – соглашение о свободной торговле, вступившее в силу в 2015 году для расширения экономического сотрудничества и повышения уровня жизни в его государствах-членах. Государствами членами ЕАЭС являются Россия, Армения, Беларусь, Казахстан и Кыргызстан. В отличие от Европейского союза в ЕАЭС нет общей валюты.

⁴ Особенно в случае Азербайджана, единственной страны-экспортера энергоресурсов в регионе, или в случае Армении, где экспорт минерального сырья составляет значительную долю экспорта страны.

⁵ Согласно национальной статистике Министерства экономики Азербайджана, в 2018 году добыча нефти в стране составляла 38.8 млн т.

⁶ Регулирование монополий (в частности, в секторах, указанных в докладе) Тарифным советом осуществляется в соответствии с «Правилами по обеспечению государственного контроля над формированием и применением тарифов (цен), в отношении которых применяется государственное регулирование», утвержденным постановлением Кабинета министров №247 от 30 декабря 2005 года. Цены на нефтепродукты (за исключением бензина, дизельного топлива и битума) более не регулируются государством. Это определено постановлением Кабинета министров Азербайджана №1 от 4 января 2021 года «О внесении изменения в «Перечень товаров (работ, услуг), цены (тарифы) на которые регулируются государством», утвержденный постановлением Кабинета министров №178 от 28 сентября 2005 года.

⁷ По состоянию на 1 августа 2020 года розничная цена на природный газ для населения полностью либерализована. Вместе с тем, на период карантина в связи с пандемией COVID-19, правительство Украины установило верхний предел цены на газ для населения на уровне 6.99 грн за куб. м (с учетом НДС и платежей за транспортировку).

Приложение А. Обменные курсы валют

Таблица А А.1. Обменные курсы валют, национальная валюта за 1 долл. США

Страна	Валюта	2010	2011	2012	2013	2014	2015	2016	2017	2018	2019
Армения	армянский драм	373.66	372.50	401.76	409.63	415.92	477.92	480.49	482.72	482.99	480.42
Азербайджан	азербайджанский манат	0.80	0.79	0.79	0.78	0.78	1.02	1.60	1.72	1.70	1.70
Беларусь	белорусский рубль	2 978.51	4 974.63	8 336.90	8 880.05	1 0224.10	1 5925.99	1.99	1.93	2.04	2.20
Грузия	грузинский лари	1.78	1.69	1.65	1.66	1.77	2.27	2.37	2.51	2.53	2.87
Молдова	молдавский лей	12.37	11.74	12.11	12.59	14.04	18.82	19.92	18.50	16.80	17.49
Украина	украинская гривна	7.94	7.97	7.99	7.99	11.89	21.84	25.55	26.60	27.20	24.74

Источник: национальные счета и (World Bank, 2020[1]).

Примечание: Хотя в 2016 году Беларусь провела деноминацию валюты (National Bank of the Republic of Belarus, 2015[2]), обменный курс 2010-2015 годов не корректировался. Такая корректировка означала бы деление обменного курса за этот период на 10 000, что исказило бы величины субсидий в долл. США. Во избежание таких искажений в случае Беларуси использован фактический нескорректированный обменный курс за период до проведения деноминации. Изменение номинала валюты означает, что величины субсидий в белорусских рублях уменьшаются в 10 000 раз, но временные ряды в долларах США остаются согласованными и сопоставимыми.

Список источников

National Bank of the Republic of Belarus (2015), "On redenomination of the Belarusian Ruble since July 1, 2016", 5 November, Press Release, National Bank of the Republic of Belarus, Minsk, https://www.nbrb.by/engl/news/4565. [2]

World Bank (2020), *Economy*, (database), https://data.worldbank.org/ (accessed on 23 June 2020). [1]

Приложение Б. Субсидии на ископаемые виды топлива в Армении

Таблица А Б.1. Субсидии на ископаемые виды топлива в Армении, в млн драм

	Механизм поддержки	Показатель	Энергоноситель	2010	2011	2012	2013	2014	2015	2016	2017	2018	2019
Компенсация компании «Электрические сети Армении» за снабжение электроэнергией населения и малых предприятий по регулируемому тарифу	прямой трансферт			н. п.	н. п.	н. п.	н. п.	н. п.	1 208		н. п.	н. п.	н. п.
Компенсация компании «Газпром Армения» за газоснабжение населения с низкими доходами	прямой трансферт		природный газ	н. п.			1 053		н. п.		н. п.	н. п.	н. п.
Частичная компенсация затрат на потребление электроэнергии и газа приграничным общинам	прямой трансферт		электроэнергия, природный газ	н. п.	н. п.	н. п.	н. п.	н. п.					
Освобождение от НДС на импортируемое дизельное топливо	налоговые расходы		дизельное топливо	6 755	8 932	10 919	10 585	10 932	7 613	6 494	8 519	н. п.	н. п.
Освобождение от акциза на импортируемый природный газ	налоговые расходы		природный газ	1 126	1 448	1 719	1 653	1 716	1 660	1 625	1 787	1 779	1 880
Освобождение от акциза на компримированный природный газ	налоговые расходы		природный газ	2 651	3 018	3 482	3 790	4 013	4 037	1 298	н. п.	н. п.	н. п.
Совокупные прямые трансферты				н. п.			1 053		2 136	1 453			
Совокупные налоговые расходы				10 533	13 399	16 120	16 028	16 660	13 309	9 416	10 306	1 779	1 880
				10 533	13 942	16 636	17 081	17 306	15 445	10 870	10 909	2 310	2 340
Всего, доклад OECD (2018)					13 943	16 636	17 081	17 306	17 688				

СУБСИДИРОВАНИЕ ИСКОПАЕМЫХ ВИДОВ ТОПЛИВА В СТРАНАХ ВОСТОЧНОГО ПАРТНЁРСТВА ЕС © ОЭСР 2021

Примечания:

а. н. п. — неприменимо, .. — нет данных.

б. В тех случаях, когда субсидия предоставлена более чем одному сектору или в отношении более чем одного вида топлива, ее величина в таблице по стране может несколько отличаться от величины, приведённой в базе данных ОЭСР по государственной поддержке производства и потребления ископаемых видов топлива. Это связано с дезагрегированием по секторам (см. дополнительное разъяснение в приложении И). Величины субсидий на электроэнергию, приведенные в таблицах по странам и в онлайн-базе данных, также могут различаться. Эти различия имеют место, поскольку в целях базы данных ОЭСР из величины субсидии на электроэнергию вычтена импортированная электроэнергия, а также электроэнергия, произведенная не из ископаемых топлив.

в. Приведенные величины бюджетных трансфертов компании «Электрические сети Армении» скорректированы (умножены на доли производства электроэнергии на основе газа — 0.35 и 0.36 в 2015 году и 2016 году, соответственно) для учета только доли субсидии, связанной с ископаемым топливом, на основе данных энергетических балансов IEA (2020[1]).

Источник: подготовлено авторами на основе данных, собранных для OECD (2020[2]) а также предыдущих оценок субсидий на ископаемые виды топлива в странах ВП, опубликованных в докладе OECD (2018[3]).

Список источников

IEA (2020), "Data and statistics", *Energy Balances Statistics*, (database), https://www.iea.org/data-and-statistics/data-tables?country=WORLD (accessed on 14 January 2021). [1]

OECD (2020), "OECD-IEA Analysis of Fossil Fuels Support", webpage, http://www.oecd.org/fossil-fuels/publication/ (accessed on 20 May 2020). [2]

OECD (2018), *Inventory of Energy Subsidies in the EU's Eastern Partnership Countries*, Green Finance and Investment, OECD Publishing, Paris, https://doi.org/10.1787/9789264284319-en. [3]

Приложение B. Субсидии на ископаемые виды топлива в Азербайджане

Таблица А B.1. Субсидии на ископаемые виды топлива в Азербайджане, в млн ман.

Программа	Механизм поддержки	Показатель	Энерго-носитель	2010	2011	2012	2013	2014	2015	2016	2017	2018	2019
Трансферт из государственного бюджета компании «Азерэнержи» на покрытие убытков и долгов	прямой трансферт	ОППо	природный газ	72	180	142	72	38	235	115	0,1	300	-
Трансферты из государственного бюджета компании «Азеристиликом» на покрытие дефицитов, возникших в связи с предоставлением услуг по цене ниже себестоимости	прямой трансферт	ОППо	природный газ	н. п.	20	-	21	-	23	-	-	33	17
Трансферты из государственного бюджета компании SOCAR на покрытие убытков компании «Азеригаз»	прямой трансферт	ОППо	сырая нефть, природный газ	н. п.	н. п.	н. п.	н. п.	н. п.	н. п.	н. п.	н. п.	963	1 071
Финансовые трансферты из SOFAZ на энергетические проекты	прямой трансферт	ОППо	сырая нефть, природный газ	н. п.	н. п.	н. п.	н. п.	н. п.	н. п.	1 823	-	-	-
Трансферты из государственного бюджета на покрытие расходов на коммунальные услуги внутренне перемещенных лиц	прямой трансферт	ОППо	электроэнергия	н. п.	196	-	213	-	228	-	н. п.	248	267
Трансферты из государственного бюджета для удовлетворения потребностей фермеров в дизельном топливе и моторных маслах	прямой трансферт	ОППо	дизельное топливо, смазочные материалы	-	-	-	-	-	-	-	-	-	-

Программа	Механизм поддержки	Показатель	Энергоноситель	2010	2011	2012	2013	2014	2015	2016	2017	2018	2019
Освобождения от НДС в рамках соглашений о разделе продукции	налоговые расходы	ОППр	сырая нефть, природный газ	-	-	-	-	-	-	-	-	-	-
Освобождения от таможенных пошлин в рамках соглашений о разделе продукции	налоговые расходы	ОППр	сырая нефть, природный газ	-	-	-	-	-	-	-	-	-	-
Освобождения от НДС в рамках соглашений с правительством принимающей страны	налоговые расходы	ОППр	сырая нефть, природный газ	-	-	-	-	-	-	-	-	-	-
Освобождения от таможенных пошлин в рамках соглашений с правительством принимающей страны	налоговые расходы	ОППр	сырая нефть, природный газ	-	-	-	-	-	-	-	-	-	-
Совокупные прямые трансферты				72	396	142	306	38	485	1 937	0.1	1 545	1 354
Совокупные налоговые расходы				-	-	-	-	-	-	-	-	-	-
Всего				72	396	142	306	38	485	1 937	0.1	1 545	1 354
Всего, доклад OECD (2018)				-	-	142	72	38	43	-	-	-	-

Примечания:

а. н. п. — неприменимо, - — нет данных.

б. В тех случаях, когда субсидия предоставлена более чем одному сектору или в отношении более чем одного вида топлива, ее величина в таблице по стране может несколько отличаться от величины, приведенной в базе данных ОЭСР по государственной поддержке производства и потребления ископаемых видов топлива. Это связано с дезагрегированием по секторам (см. дополнительное разъяснение в приложении И). Величины субсидий на электроэнергию, приведенные в таблицах по странам и в онлайн-базе данных, также могут различаться. Эти различия имеют место, поскольку в целях базы данных ОЭСР из величины субсидии на электроэнергию вычтена импортированная электроэнергия, а также электроэнергия, произведенная не из ископаемых топлив.

Источник: подготовлено авторами на основе данных, собранных для OECD (2020)[1], а также предыдущих оценок субсидий на ископаемые виды топлива в странах ВП, опубликованных в докладе OECD (2018)[2].

СУБСИДИРОВАНИЕ ИСКОПАЕМЫХ ВИДОВ ТОПЛИВА В СТРАНАХ ВОСТОЧНОГО ПАРТНЕРСТВА ЕС © ОЭСР 2021

Список источников

OECD (2020), "OECD-IEA Analysis of Fossil Fuels Support", webpage, http://www.oecd.org/fossil-fuels/publication/ (accessed on 20 May 2020). [1]

OECD (2018), *Inventory of Energy Subsidies in the EU's Eastern Partnership Countries*, Green Finance and Investment, OECD Publishing, Paris, https://doi.org/10.1787/9789264284319-en. [2]

Приложение Г. Субсидии на ископаемые виды топлива в Беларуси

Таблица А Г.1. Субсидии на ископаемые виды топлива в Беларуси, в млн бел. руб.

Программа	Механизм поддержки	Показатель	Энергоноситель	2010	2011	2012	2013	2014	2015	2016	2017	2018	2019
Финансирование строительства (реконструкции) энергетической инфраструктуры в жилых районах	прямой трансферт	ОППр	электроэнергия, природный газ	354 000	-	575 785	1 292 344	1 151 319	-	134	137	101	106
Развитие электроэнергетики и газификации села	прямой трансферт	ОППр	электроэнергия, природный газ	н. п.	н. п.	н. п.	н. п.	н. п.	н. п.	-	39	28	37
Бюджетный трансферт государственному предприятию «Минскэнерго» для финансирования замены тепловых сетей	прямой трансферт	ОППр	природный газ, мазут	н. п.	н. п.	н. п.	н. п.	н. п.	220 000	н. п.	н. п.	н. п.	н. п.
Государственная поддержка развития торфяной промышленности	прямой трансферт	ОППр	торф	96 266	170 157	55 903	59 646	64 477	62 067	6	36	44	35
Государственная поддержка модернизации основных фондов энергетической системы	прямой трансферт	ОППр	электроэнергия, природный газ, мазут, торф	811 281	н. п.	н. п.	н. п.	н. п.	н. п.	н. п.	н. п.	н. п.	н. п.
Бюджетные трансферты для компенсации затрат поставщиков коммунальных услуг	прямой трансферт	ОППо	электроэнергия, природный	-	-	-	-	-	-	-	-	-	-

СУБСИДИРОВАНИЕ ИСКОПАЕМЫХ ВИДОВ ТОПЛИВА В СТРАНАХ ВОСТОЧНОГО ПАРТНЕРСТВА ЕС © ОЭСР 2021

Программа	Механизм поддержки	Показатель	Энергоноситель	2010	2011	2012	2013	2014	2015	2016	2017	2018	2019
Жилищные субсидии для населения с низкими доходами	прямой трансферт	ОППо	газ, мазут, торф	-	-	-	-	-	-	-	-	-	-
Освобождение от НДС на природный газ, тепло и электроэнергию для населения	налоговые расходы	ОППо	электроэнергия, природный газ, мазут, торф	507 000	626 000	1 007 000	1 335 000	2 038 000	-	н. п.	н. п.	н. п.	н. п.
Льгота по экологическому налогу для электростанций, обеспечивающих теплоэнергетические нужды населения	налоговые расходы	ОППо	электроэнергия, природный газ, мазут, торф	-	-	-	-	-	-	-	-	-	-
Совокупные прямые трансферты				1 261 548	170 157	631 688	1 351 990	1 215 796	282 067	140	212	173	177
Совокупные налоговые расходы				507 000	626 000	1 007 000	1 335 000	2 038 000	-	-	-	-	-
Всего				1 768 548	796 157	1 638 688	2 686 990	3 253 796	282 067	140	212	173	177
Всего, доклад OECD (2018)				3 111 000	6 264 000	13 491 000	13 856 000	17 493 000	-	-	-	-	-

Примечания:
а. н. п. — неприменимо, - — нет данных.
б. В тех случаях, когда субсидия предоставлена более чем одному сектору или в отношении более чем одного вида топлива, ее величина в таблице по стране может несколько отличаться от величины, приведенной в базе данных ОЭСР по государственной поддержке производства и потребления ископаемых видов топлива. Это связано с дезагрегированием по секторам (см. дополнительное разъяснение в приложении И). Величины субсидий на электроэнергию, приведенные в таблицах по странам и в онлайн-базе данных, также могут различаться. Эти различия имеют место, поскольку в целях базы данных ОЭСР из величины субсидии на электроэнергию вычтена импортированная электроэнергия, а также электроэнергия, произведенная не из ископаемых топлив.
в. Первого июля 2016 года в Беларуси проведена деноминация национальной валюты в соотношении 1:10 000. Этим объясняется резкое сокращение величин субсидий с 2016 года.
Источник: подготовлено авторами на основе данных, собранных для OECD (2020)[1], а также предыдущих оценок субсидий на ископаемые виды топлива в странах ВП, опубликованных в докладе OECD (2018)[2].

СУБСИДИРОВАНИЕ ИСКОПАЕМЫХ ВИДОВ ТОПЛИВА В СТРАНАХ ВОСТОЧНОГО ПАРТНЕРСТВА ЕС © ОЭСР 2021

Список источников

OECD (2020), "OECD-IEA Analysis of Fossil Fuels Support", webpage, http://www.oecd.org/fossil-fuels/publication/ (accessed on 20 May 2020). [1]

OECD (2018), *Inventory of Energy Subsidies in the EU's Eastern Partnership Countries*, Green Finance and Investment, OECD Publishing, Paris, https://doi.org/10.1787/9789264284319-en. [2]

Приложение Д. Субсидии на ископаемые виды топлива в Грузии

Таблица А Д.1. Субсидии на ископаемые виды топлива в Грузии, в млн лари

Программа	Механизм поддержки	Показатель	Энергоноситель	2010	2011	2012	2013	2014	2015	2016	2017	2018	2019
Освобождения нефте- и газодобывающий компаний от уплаты налогов на определенные виды деятельности	налоговые расходы	ОППр	природный газ, сырая нефть	7.4	6.1	6.9	6.9	7.1	8.8	9.1	9.5	9.5	10.4
Компенсация всех затрат на обеспечение бесплатным газом населения муниципалитетов Казбеги и Душети	прямой трансферт	ОППо	природный газ	4.4	5.3	4.3	3.9	3.3	4.3	4.1	6.7	7.4	8.0
Субсидия на коммунальные услуги социально уязвимым группам населения в муниципалитете Тбилиси	прямой трансферт	ОППо	электроэнергия	н.п.	н.п.	6.4	44.2	45.1	47.0	25.6	7.3	7.3	8.3
Субсидия на газ населению, проживающему на границе с Абхазией и Южной Осетией	прямой трансферт	ОППо	природный газ	н.п.	н.п.	н.п.	н.п.	н.п.	н.п.	н.п.	2.0	2.4	2.6
Субсидии на электроэнергию населению в высокогорных районах	прямой трансферт	ОППо	электроэнергия	н.п.	н.п.	н.п.	н.п.	н.п.	н.п.	н.п.	6.6	9.3	9.8
Субсидия на электроэнергию социально уязвимым потребителям	прямой трансферт	ОППо	электроэнергия	н.п.	н.п.	н.п.	н.п.	н.п.	1.5	3.8	3.0	2.7	2.9
Субсидия на электроэнергию семьям с четырьмя и более детьми	прямой трансферт	ОППо	электроэнергия	н.п.	н.п.	н.п.	н.п.	н.п.	н.п.	н.п.	н.п.	н.п.	0.1
Совокупные прямые трансферты				4.4	5.3	10.7	48.1	48.4	52.8	33.5	25.6	29.2	31.6
Совокупные налоговые расходы				7.4	6.1	6.9	6.9	7.1	8.8	9.1	9.5	9.5	10.4
Всего				11.8	11.4	17.5	55.0	55.5	61.6	42.6	35.1	38.7	42.0
Всего, доклад OECD (2018)				219	368	390.4	365	428	-	-	-	-	-

Примечания:

а. н. п. — неприменимо, -.- — нет данных.

b. В тех случаях, когда субсидия предоставлена более чем одному сектору или в отношении более чем одного вида топлива, ее величина в таблице по стране может несколько отличаться от величины, приведенной в базе данных ОЭСР по государственной поддержке производства и потребления ископаемых видов топлива. Это связано с дезагрегированием по секторам (см. дополнительное разъяснение в приложении И). Величины субсидий на электроэнергию, приведенные в таблицах по странам и в онлайн-базе данных, также могут различаться. Эти различия имеют место, поскольку в целях базы данных ОЭСР из величины субсидии на электроэнергию вычтена импортированная электроэнергия, а также электроэнергия, произведенная не из ископаемых топлив.

Источник: подготовлено авторами на основе данных, собранных для OECD (2020[1]), а также предыдущих оценок субсидий на ископаемые виды топлива в странах ВП, опубликованных в докладе OECD (2018[2]).

СУБСИДИРОВАНИЕ ИСКОПАЕМЫХ ВИДОВ ТОПЛИВА В СТРАНАХ ВОСТОЧНОГО ПАРТНЕРСТВА ЕС © ОЭСР 2021

Список источников

OECD (2020), "OECD-IEA Analysis of Fossil Fuels Support", webpage, http://www.oecd.org/fossil-fuels/publication/ (accessed on 20 May 2020). [1]

OECD (2018), *Inventory of Energy Subsidies in the EU's Eastern Partnership Countries*, Green Finance and Investment, OECD Publishing, Paris, https://doi.org/10.1787/9789264284319-en. [2]

Приложение Е. Субсидии на ископаемые виды топлива в Молдове

Таблица А Е.1. Субсидии на ископаемые виды топлива в Молдове, в млн леев

Программа	Механизм поддержки	Показатель	Энергоноситель	2010	2011	2012	2013	2014	2015	2016	2017	2018	2019
Пониженная ставка НДС на природный газ, потребляемый населением и государственными учреждениями	налоговые расходы	ОППо	природный газ	206.92	248.90	271.83	254.33	253.63	254.49	260.60	269.50	259.49	-
Пониженная ставка НДС на электроэнергию, потребляемую населением	налоговые расходы	ОППо	электроэнергия	404.72	440.47	480.66	503.42	519.58	558.07	509.16	501.58	484.88	-
Пониженная ставка НДС на тепловую энергию, потребляемую населением	налоговые расходы	ОППо	природный газ	191.91	234.31	240.08	217.19	217.98	234.52	260.58	253.20	278.01	-
Пониженная ставка НДС на потребление СНГ	налоговые расходы	ОППо	СНГ	73.31	92.57	118.58	95.58	99.25	118.70	73.38	82.98	80.86	-
Частичная компенсация затрат на природный газ и электроэнергию для населения, проживающего на границе с Приднестровьем	прямой трансферт	ОППо	электроэнергия, природный газ	17.80	24.31	22.59	24.86	25.57	22.06	21.63	30.61	24.97	-
Частичная компенсация затрат на энергоносители населению в Кишиневе	прямой трансферт	ОППо	электроэнергия, природный газ, уголь	н. п.	н. п.	77.10	74.30	52.50	55.60	62.40	65.70	75.70	-
Государственные инвестиции в строительство газопроводов и электросетей	прямой трансферт	ОПОН	электроэнергия, природный газ	-	0.003	0.003	0.03	0.10	0.04	0.07	0.0002	-	-
Совокупные прямые трансферты				17.80	24.31	99.69	99.19	78.17	77.70	84.10	96.31	100.67	-
Совокупные налоговые расходы				876.85	1 016.25	1 111.15	1 070.53	1 090.45	1 165.78	1 103.72	1 107.26	1 103.25	-
Всего				894.65	1 040.56	1 210.84	1 169.72	1 168.62	1 243.47	1 187.82	1 203.57	1 203.91	-
Всего, доклад OECD (2018)				-	1 717.21	2 183.65	2 144.97	2 621	971.56	-	-	-	-

СУБСИДИРОВАНИЕ ИСКОПАЕМЫХ ВИДОВ ТОПЛИВА В СТРАНАХ ВОСТОЧНОГО ПАРТНЕРСТВА ЕС © ОЭСР 2021

Примечания:
a. н. п. — неприменимо. - — нет данных.
б. В тех случаях, когда субсидия предоставлена более чем одному сектору или в отношении более чем одного вида топлива, ее величина в таблице по стране может несколько отличаться от величины, приведенной в базе данных ОЭСР по государственной поддержке производства и потребления ископаемых видов топлива. Это связано с дезагрегированием по секторам (см. дополнительное разъяснение в приложении И). Величины субсидий на электроэнергию, приведенные в таблицах по странам и в онлайн-базе данных, также могут различаться. Эти различия имеют место, поскольку в целях базы данных ОЭСР из величины субсидии на электроэнергию вычтена импортированная электроэнергия, а также электроэнергия, произведенная не из ископаемых топлив.

Источник: подготовлено авторами на основе данных, собранных для ОЭСР (OECD, 2020[11]), а также предыдущих оценок субсидий на ископаемые виды топлива в странах ВП, опубликованных в докладе ОЭСР (OECD, 2018[2]).

Список источников

OECD (2020), "OECD-IEA Analysis of Fossil Fuels Support", webpage, http://www.oecd.org/fossil-fuels/publication/ (accessed on 20 May 2020). [1]

OECD (2018), *Inventory of Energy Subsidies in the EU's Eastern Partnership Countries*, Green Finance and Investment, OECD Publishing, Paris, https://doi.org/10.1787/9789264284319-en. [2]

Приложение Ж. Субсидии на ископаемые виды топлива в Украине

Таблица А Ж.1. Субсидии на ископаемые виды топлива в Украине, в млн грн

Программа	Механизм поддержки	Показатель	Энерго-носитель	2010	2011	2012	2013	2014	2015	2016	2017	2018	2019
Реструктуризация угольной и торфодобывающей промышленности	прямой трансферт	ОППр	уголь	1 059	1 597	1 078	1 178	355	206	107	244	н. п.	3 269
Ликвидация убыточных угле- и торфодобывающих предприятий	прямой трансферт	ОППр	уголь	н. п.	н. п.	н. п.	н. п.	н. п.	н. п.	н. п.	н. п.	281	128
Горноспасательные мероприятия на углед обывающих предприятиях	прямой трансферт	ОППр	уголь	275	379	414	430	288	234	263	288	290	289
Предотвращение и ликвидация чрезвычайных ситуаций на угольных шахтах	прямой трансферт	ОППр	уголь	н. п.	1,1	н. п.	0,4	н. п.	н. п.	н. п.	10	82	н. п.
Ликвидация последствий чрезвычайной ситуации на магистральном газопроводе «Луганск – Лисичанск – Рубежное»	прямой трансферт	ОППр	природный газ	н. п.	н. п.	н. п.	н. п.	н. п.	н. п.	н. п.	35	н. п.	н. п.
Ликвидация последствий чрезвычайной ситуации на Углегорской ТЭС	прямой трансферт	ОППр	электроэнергия	н. п.	н. п.	н. п.	111	н. п.	н. п.	н. п.	н. п.	н. п.	н. п.
Частичное покрытие расходов углед обывающих предприятий, включаемых в себестоимость готовой товарной продукции	прямой трансферт	ОППр	уголь	5 807	6 710	10 172	13 302	8 705	1 212	1 373	2 122	1 072	н. п.
Мероприятия по повышению безопасности на углед обывающих предприятиях	прямой трансферт	ОППр	уголь	70	134	260	197	3	н. п.	н. п.	99	н. п.	н. п.
Строительство и техническое перевооружение объектов по добыче угля и торфа	прямой трансферт	ОППр	уголь	337	1 719	1 293	343	54	н. п.	н. п.	н. п.	н. п.	н. п.
Пополнение оборотного капитала или увеличение уставного капитала углед обывающих предприятий для погашения задолженности по заработной плате	прямой трансферт	ОППр	уголь	н. п.	н. п.	н. п.	н. п.	н. п.	200	500	н. п.	н. п.	н. п.

Программа	Механизм поддержки	Показатель	Энерго-носитель	2010	2011	2012	2013	2014	2015	2016	2017	2018	2019
Погашение просроченной задолженности за электроэнергию государственных угледобывающих предприятий	прямой трансферт	ОППр	уголь	140	н. п.	н. п.	н. п.	н. п.	н. п.	н. п.	н. п.	н. п.	445
Государственная поддержка строительства шахты №10 «Нововольнская»	прямой трансферт	ОППр	уголь	н. п.	н. п.	н. п.	н. п.	н. п.	146	50	70	35	62
Осуществление мероприятий по обеспечению отечественного производства угольной продукции и дальнейшего реформирования угольной промышленности	прямой трансферт	ОППр	уголь	н. п.	н. п.	н. п.	н. п.	н. п.	н. п.	н. п.	н. п.	1 671	н. п.
Государственная поддержка ПАО «Магистральные газопроводы Украины»	прямой трансферт	ОППр	природный газ	н. п.	н. п.	н. п.	н. п.	н. п.	н. п.	н. п.	0.1	20	н. п.
Компенсация НАК «Нафтогаз Украины» разницы между ценой импортируемого газа и регулируемой ценой продаж для производства тепловой энергии для нужд населения	прямой трансферт	ОППо	природный газ	3 424	н. п.	3 900	н. п.	н. п.	н. п.	н. п.	н. п.	н. п.	н. п.
Бюджетный трансферт для «Смилакоммунтеплоэнерго» для предотвращения возникновения чрезвычайной ситуации в г. Смила в связи с финансовой несостоятельностью предприятия оплатить стоимость природного газа	прямой трансферт	ОППо	природный газ	н. п.	н. п.	н. п.	н. п.	н. п.	н. п.	н. п.	н. п.	н. п.	15
Трансферт (субвенция) из государственного бюджета местным бюджетам для компенсации разницы между фактическими затратами предприятий коммунального обслуживания и регулируемыми тарифами	прямой трансферт	ОППо	природный газ, электроэнергия, уголь, мазут	н. п.	2 857	14 443	2 052	12 423	4 685	н. п.	1 798	978	н. п.
Трансферт (субвенция) из государственного бюджета местным бюджетам для предоставления льгот и жилищных субсидий малообеспеченным семьям на оплату коммунальных услуг[a]	прямой трансферт	ОППо	природный газ, электроэнергия, уголь, мазут	5 131	6 069	6 718	6 046	6 173	17 995	44 120	69 740	69 977	21 561
Трансферт (субвенция) из государственного бюджета местным бюджетам для предоставления льгот и	прямой трансферт	ОППо	СНГ, мазут, уголь	496	557	738	733	715	1 121	2 280	2 633	2 694	1 820

СУБСИДИРОВАНИЕ ИСКОПАЕМЫХ ВИДОВ ТОПЛИВА В СТРАНАХ ВОСТОЧНОГО ПАРТНЕРСТВА ЕС © ОЭСР 2021

Программа	Механизм поддержки	Показатель	Энергоноситель	2010	2011	2012	2013	2014	2015	2016	2017	2018	2019
Жилищных субсидий малообеспеченным семьям на приобретение твердого и жидкого печного топлива, сжиженного газа	прямой трансферт	ОППо	природный газ, электроэнергия, уголь, мазут	н. п.	н. п.	н. п.	н. п.	н. п.	н. п.	н. п.	н. п.	н. п.	23 267
Прямые выплаты льгот и жилищных субсидий гражданам на частичное покрытие затрат на коммунальные услуги, твердое и жидкое печное топливо, сжиженный газ	налоговые расходы	ОППр	электроэнергия, нефть, природный газ	н. п.	263	975	761	957	н. п.	н. п.	н. п.	н. п.	н. п.
Освобождение от налогообложения корпоративным подоходным налогом прибыли предприятий энергетической отрасли в пределах расходов, предусмотренных инвестиционными программами	налоговые расходы	ОППр	дизельное топливо	н. п.	н. п.	н. п.	н. п.	н. п.	н. п.	н. п.	н. п.	735	639
Уменьшение подоходного налога на сумму уплаченного акцизного налога на тяжелые дистилляты (газойль), используемые в транспортных средствах	налоговые расходы	ОППр	нефть, природный газ	-	23	-	н. п.	н. п.	н. п.	н. п.	н. п.	н. п.	н. п.
Налоговый вычет (при исчислении подоходного налога) по расходам, связанным с разведкой и обустройством нефтяных и газовых месторождений	налоговые расходы	ОППр	природный газ	н. п.	575	1 464	н. п.	н. п.	н. п.	н. п.	н. п.	н. п.	н. п.
Временное освобождение от НДС операций по поставкам природного газа, импортированного на таможенную территорию Украины НАК «Нафтогаз Украины»	налоговые расходы	ОППр	уголь, лигнит, торф, кокс	н. п.	н. п.	н. п.	н. п.	н. п.	н. п.	2 116	2 609	3 042	3 608
Временное освобождение от НДС операций по поставке угля и/или продуктов его обогащения на таможенную территорию Украины	налоговые расходы	ОППо	СНГ	н. п.	13	69	78	78	14	14	109	65	70
Освобождение от акцизного налога операций по реализации сжиженного газа на специализированных аукционах для нужд населения	налоговые расходы												
Совокупные прямые трансферты				16 739	20 023	39 017	24 393	28 716	25 799	48 693	77 040	77 101	50 856
Совокупные налоговые расходы				-	874	2 507	839	1 036	14	2 130	2 717	3 841	4 317

СУБСИДИРОВАНИЕ ИСКОПАЕМЫХ ВИДОВ ТОПЛИВА В СТРАНАХ ВОСТОЧНОГО ПАРТНЕРСТВА ЕС © ОЭСР 2021

Программа	Механизм поддержки	Показатель	Энерго-носитель	2010	2011	2012	2013	2014	2015	2016	2017	2018	2019
Всего				16 739	20 897	41 524	25 232	29 752	25 813	822	79 757	80 942	55 173
Всего, доклад OECD (2018)						124 870	114 933	202 829	153 489				

Примечания:

а. н. п. — неприменимо, - — нет данных.

б. В тех случаях, когда субсидия предоставлена более чем одному сектору или в отношении более чем одного вида топлива, ее величина в таблице по стране может несколько отличаться от величины, приведенной в базе данных ОЭСР по государственной поддержке производства и потребления ископаемых видов топлива. Это связано с дезагрегированием по секторам (см. дополнительное разъяснение в приложении И). Величины субсидий на электроэнергию, приведенные в таблицах по странам и в онлайн-базе данных, также могут различаться. Эти различия имеют место, поскольку в целях базы данных ОЭСР из величины субсидии на электроэнергию вычтена импортированная электроэнергия, а также электроэнергия, произведенная не из ископаемых топлив.

в. Льготы и жилищные субсидии включают платежи за все коммунальные услуги, в частности, электроэнергию, природный газ, отопление, водоснабжение и водоотведение, содержание зданий, обращение с бытовыми отходами. На момент подготовки доклада детальные данные для дезагрегации этой меры на энергетический и неэнергетический компонент отсутствовали. Однако очевидно, что потребление энергии составляет большую долю счетов за коммунальные услуги домохозяйств. Эти величины далее скорректированы в базе данных ОЭСР по поддержке ископаемых топлив на основе данных энергетических балансов МЭА (2020)[11].

г. То же самое.

Источник: подготовлено авторами на основе данных, собранных для ОЭСР (2020)[2], а также предыдущих оценок субсидий на ископаемые виды топлива в странах ВП, опубликованных в докладе ОЭСР (2018)[3].

Список источников

IEA (2020), "Data and statistics", *Energy Balances Statistics*, (database), https://www.iea.org/data-and-statistics/data-tables?country=WORLD (accessed on 14 January 2021). [1]

OECD (2020), "OECD-IEA Analysis of Fossil Fuels Support", webpage, http://www.oecd.org/fossil-fuels/publication/ (accessed on 20 May 2020). [2]

OECD (2018), *Inventory of Energy Subsidies in the EU's Eastern Partnership Countries*, Green Finance and Investment, OECD Publishing, Paris, https://doi.org/10.1787/9789264284319-en. [3]

Приложение 3. Меры, связанные с пандемией COVID-19

Таблица А 3.1. Основные меры поддержки, принятые правительствами стран ВП в энергетике в связи с пандемией COVID-19

	Совокупная государственная поддержка в связи с пандемией COVID-19	Конкретные меры поддержки, связанные с энергосектором	Оцениваемая стоимость мер, связанных с энергосектором	Источник
Армения	150 млрд драм (305 млн долл. США)	Возмещение счетов за электроэнергию и природный газ группам потребителей, отвечающих установленным критериям. В феврале 2020 года мерой воспользовались 728 000 бытовых потребителей электроэнергии и 503 000 бытовых потребителей газа. Поддержка направляется напрямую из государственного бюджета предприятиям коммунального обслуживания, которые реализуют природный газ и электроэнергию потребителям, нуждающимся в помощи и отвечающим установленным критериям.	4.3 млрд драм (9 млн долл. США)	https://armeniasputnik.am/armenia/20200430/22901982/petvari-komunalnem-el-kpoxhatucven-pashinyany-haytnec-ovqer-kstanan-ajakcutyuny.html
Азербайджан	2.6 млрд ман. (1.5 млрд долл. США)	Программа государственной поддержки «Льготное потребление электроэнергии населением до 100 кВт·ч» в апреле–мае 2020 года.	10 млн ман. (5.9 млн долл. США)	https://cabmin.gov.az/az/document/4367/
Беларусь	5–6 млрд бел. руб. (2–2.5 млрд долл. США)	Введено частичное возмещение расходов (до 20%) населения на улучшение электроснабжения жилищного фонда (для нужд отопления, горячего водоснабжения и приготовления пищи), расходов на покупку оборудования, стимулирующего более широкого использования электроэнергии для этих нужд. Индивидуальная компенсация не может превышать 40 базовых величин (1 бв = 27 бел. руб., примерно 11 долл. США, или в совокупности примерно 495 долл. США). По оценкам, мерой воспользуется 15 000 потребителей. Стоимость прямой субсидии покрывается из местных бюджетов. Правительство Беларуси не определило точные сроки перехода к	15.2 млн бел. руб. (6.2 млн долл. США)	Указ президента Республики Беларусь № 127 от 14 апреля 2020 года «О возмещении расходов на электроснабжение эксплуатируемого жилищного фонда»

СУБСИДИРОВАНИЕ ИСКОПАЕМЫХ ВИДОВ ТОПЛИВА В СТРАНАХ ВОСТОЧНОГО ПАРТНЕРСТВА ЕС © ОЭСР 2021

Грузия	3,5 млрд лари (1,1 млрд долл. США)	полному возмещению затрат в тарифах на услуги отопления и газоснабжения для населения	150 млн лари (49 млн долл. США)	https://bit.ly/31bOSr1, https://bit.ly/2YnlOuO, https://bit.ly/2Yrd33a, https://bit.ly/3es8J9g, https://bit.ly/3hRmn83
		Возмещение счетов за коммунальные услуги населению за трехмесячный период с марта по май 2020 года. Субсидию получали только домохозяйства, которые потребляли не более 200 кВт·ч электроэнергии и/или не более 200 м³ природного газа. В денежном выражении, в случае электроэнергии клиенты АО «Теласи» получали до 37 лари в месяц, а в случае клиентов компании АО «Энерго-Про» субсидия составляла 36 лари в месяц. Потребители природного газа компании «Тбилиси Энерджи» могли получать субсидию только когда их счет не превышал 92 лари. Более 1,2 млн потребителей получали субсидию в 114 лари. Более 670 000 потребителей природного газа получили эту субсидию. Все потребители, отвечающие установленным критериям для получения государственной помощи, могли от нее отказаться. За три месяца более 9 600 потребителей отказались от получения субсидии в знак солидарности. В марте 2020 года 3 534 потребителя отказались от субсидии, в апреле – более 4 600 потребителей.		
Молдова	2,5 млрд леев (150 млн долл. США)	Конкретный механизм прямой поддержки не определен. Вместе с тем, принят нормативный акт, запрещающий отключать потребителей в случае несвоевременных платежей за коммунальные услуги, в частности, за электроэнергию и отопление.		Правительство Молдовы
Украина	65 млрд грн (2,4 млрд долл. США)	В составе общего фонда государственного бюджета создан Стабилизационный фонд на период карантина. Предполагается, что через 30 дней после завершения карантина фонд будет закрыт. По состоянию на 13 апреля 2020 года совокупный размер фонда составлял 6,7 млрд грн (2,4 млрд долл. США). Конкретные меры в энергетике в рамках Стабилизационного фонда не определены. Вместе с тем анализ запланированных бюджетных расходов до кризиса (январь 2020 года) и после утверждения поправок к бюджету в апреле 2020 года показывает, что правительство пересмотрело бюджетные расходы в энергетике. Расходы по двум программам государственной поддержки угольной отрасли сокращены, однако расходы на реструктуризацию угольной отрасли почти удвоились. Это привело к увеличению субсидий угольной отрасли на 837 млн грн (31 млн долл. США).	837 млн грн (31 млн долл. США)	Парламент Украины (2019), закон Украины «О государственном бюджете на 2020 год» № 294-IX от 14 ноября 2019 года (с изменениями), https://zakon.rada.gov.ua/laws/show/294-20#Text

Примечание: совокупная государственная поддержка на основе информации, приведенной в OECD (2020[1]).

Список источников

OECD (2020), "COVID-19 crisis response in Eastern Partner countries", *OECD Policy Responses to Coronavirus (COVID-19)*, 13 October, OECD, Paris, http://www.oecd.org/coronavirus/policy-responses/covid-19-crisis-response-in-eu-eastern-partner-countries-7759afa3/#section-d1e1382. [1]

Приложение И. База данных ОЭСР по поддержке ископаемых видов топлива

Разбивка данных по поддержке ископаемых видов топлива по секторам экономики в базе данных ОЭСР

Изначально база данных ОЭСР по государственной поддержке ископаемых видов топлива была организована по системе ОЭСР «Оценка поддержки производителей[1] – оценка поддержки потребителей»[2] (ОППр–ОППо). Согласно этому подходу, меры, обеспечивающие выгоды производителям ископаемых видов топлива, относятся к категории ОППр, а меры, обеспечивающие выгоды их потребителям, попадают под категорию ОППо. Третью категорию – Оценку поддержки общего назначения[3] (ОПОН) – составляют меры, которые не увеличивают производство или потребление ископаемого топлива в настоящее время, но могут способствовать этому в будущем.

Система классификации ОППр–ОППо достаточно общая и не допускает дальнейшего дезагрегирования выгодополучателей по секторам экономики. Она позволяет выделить те меры, которые приносят выгоду секторам, добывающим ископаемые виды топлива и осуществляющим их переработку, хранение и транспортировку. Однако, сложно выделить и точно определить сектора экономики, являющиеся конечными потребителями ископаемых видов топлива (например, промышленность, транспорт, жилищно-коммунальный и коммерческий секторы, сельское хозяйство, рыболовство и т. д.), которые получают господдержку на ископаемые виды топлива. Определение и количественная оценка выгоды для каждого сектора экономики при поддержке ископаемых видов топлива – ключевые элементы оценки влияния реформы субсидий на ископаемые виды топлив на домохозяйства с различным уровнем доходов. Это также необходимо для оценки эффективности работы программы адресной помощи малоимущим.

Недавно ОЭСР усовершенствовала дезагрегирование выгодополучателей субсидий по секторам экономики, чтобы лучше определять секторы экономики, являющиеся конечными потребителями, извлекающими выгоду от государственной поддержки ископаемых видов топлива. В этой связи, ОЭСР ввела механизм присвоения секторальных тегов для каждой меры поддержки, включенной в базу данных.

Механизм присвоения секторальных тегов для мер поддержки ископаемых видов топлива

В отношении каждой меры в базе данных ОЭСР приведено два типа информации: (i) фискальная информация о бюджетных трансфертах или налоговых расходах (в денежном выражении); и (ii) текстовые метаданные, предоставляющие информацию о выгодополучателях меры, критериях соответствия требованиям для получения поддержки, а также общие сведения за прошлые периоды и те или иные значимые бюджетные данные, информацию о закупках и переработке.

Сведения, приведенные в текстовых метаданных используются для определения того, какой сектор экономики извлекает выгоду из каждой меры. При присвоении секторальных тегов для каждой меры применяется номенклатура экономической деятельности, соответствующая классификации базы данных МЭА по энергетическим балансам (*World Energy Balances*)[4]. Мерам присваивается один (в случаях, когда выгоды извлекает только один сектор экономики) или несколько секторальных тегов. В случае одного тега вся величина меры просто присваивается одному сектору. Однако, существуют случаи, когда мера разработана с целью предоставления поддержки нескольким секторам (например, льготные ставки налога на потребление природного газа, предоставляемые как жилищно-коммунальному, так и коммерческому сектору). Присвоение величины меры поддержки каждому сектору производится на основе пропорциональных долей, рассчитанных на основе секторального потребления энергии из базы данных МЭА по энергетическим балансам.

Наконец, после присвоения секторальных тегов, результаты агрегируются и отображаются в соответствии с общими категориями по секторам (Таблица А И.1).

Таблица А И.1. Отдельные теги для дезагрегирования по секторам мер поддержки ископаемых видов топлива

Общий сектор	Примечания и включенные секторы (краткие наименования МЭА)
Производство ископаемых видов топлива	Категория включает меры, которые приносят выгоду сегменту производства ископаемых видов топлива, связанные с его добычей, переработкой, хранением и транспортировкой. К ней относятся меры, охватывающие разведку, добычу, торговлю (импорт или экспорт), транспортировку и хранение ископаемых видов топлива. Каждому типу мер в базе данных присвоен определенный код: например, INDPROD, IMPORTS, EXPORTS, STOCKCHA или TES (общее предложение энергии) в случаях, когда детальная информация отсутствует.
Производство электроэнергии	В категории представлены меры поддержки ископаемых видов топлива, используемых для производства электроэнергии. В нее попадают только виды топлива, которые используются в качестве ресурса при производстве. Она не включает поддержку потребления электроэнергии конечными потребителями. Каждому типу мер в базе данных присвоен определенный код: MAINELEC, AUTOELEC, MAINCHP, AUTOCHP, MAINHEAT, AUTOHEAT.
Транспорт	Меры категории охватывают топлива в сфере транспорта: дорожные транспортные средства, использование шоссейных дорог сельскохозяйственным и промышленным секторами, внутренние авиаперелеты, железнодорожные перевозки (в частности, городские и пригородные транспортные системы), энергия, используемая для трубопроводов, по которым транспортируются ископаемые виды топлива, внутреннее морское судоходство (то есть порт отправления и порт прибытия находятся в одной и той же стране) и весь транспорт, не отнесенный к другим категориям. Каждому типу мер в базе данных присвоен определенный код: DOMESAIR, ROAD, RAIL, PIPELINE, DOMESNAV, TRNONSPE.
Жилищно-коммунальный сектор	Меры, отнесенные к жилищно-коммунальному сектору, включают потребление домохозяйствами (в частности, домохозяйствами с трудоустроенными лицами) с учетом топлива для перевозок.
Другие секторы	К другим секторам относятся меры поддержки использования ископаемых видов топлива для преобразования энергоресурсов, которое отличается от производства электроэнергии и тепловой энергии, в промышленности и обрабатывающем секторе, в сфере коммерческих и государственных услуг, в сельском хозяйстве, лесном секторе, рыболовстве, а также неэнергетическое использование ископаемых топлив. Каждому типу мер в базе данных присвоен определенный код: THEAT, TBOILER, TELE, TBLASTFUR, TGASWKS, TCOKEOVS, TPATFUEL, TBKB, TREFINER, TPETCHEM, LIQUEFAC, TNONSPEC, OWNUSE, EMINES, EOILGASEX, EBLASTFUR, EGASWKS, EBIOGAS, ECOKEOVS, EPATFUEL, EBKB, EREFINER, ECOALLIQ, ELNG, EGTL, EPOWERPLT, EPUMPST, ENUC, ECHARCOAL, ENONSPEC, TRANSFER. IRONSTL, CHEMICAL, NONMET, PAPERPRO, NONFERR, TEXTILES, MINING, TRANSEQ, MACHINE, FOODPRO, PAPERPRO, WOODPRO, CONSTRUC, INONSPEC. RESIDENT, AGRICULT, FISHING, COMMPUB, ONONSPEC, NONENUSE.

Источник: адаптировано из (IEA, 2020[1]) и IEA *World Energy Statistics and Balances* (база данных).

Программное обеспечение Stata используется для автоматизации процесса секторального распределения величины каждой меры. После присвоения тегов каждая мера классифицируется по трем параметрам: а) энергоносители, получающие выгоду от господдержки; б) показатель ОППр-ОППо; в) выгодополучатели сектора. Для агрегации по секторам присвоение осуществляется в двойном измерении, в более 100 комбинациях видов топлива и секторов. В связи с этим, расчеты связаны с большим объемом вычислений, при этом двойственная структура требует использования алгоритма полиномиальной временной сложности $O(n^2)$.

Дезагрегирование проводится, если определенные механизмы субсидирования приносят выгоду более чем одному сектору экономики или виду топлива. Поэтому величины таких мер субсидирования, приведенные в таблицах по странам, могут отличаться от величин, опубликованных в онлайн-базе данных ОЭСР по государственной поддержке производства и потребления ископаемых видов топлива. Величины субсидий на электроэнергию, приведенные в таблицах по странам и в онлайн-базе данных, также могут различаться. Эти различия имеют место, поскольку в целях базы данных ОЭСР из величины субсидии на электроэнергию вычтена электроэнергия, произведенная не из ископаемых топлив.

Список источников

IEA (2020), "Data and statistics", *Energy Balances Statistics*, (database), https://www.iea.org/data-and-statistics/data-tables?country=WORLD (accessed on 14 January 2021). [1]

Примечания

[1] Показатель оценки поддержки производителей (ОППр) измеряет годовую величину трансфертов от потребителей и налогоплательщиков производителям ископаемых видов топлива.

[2] Оценка поддержки потребителей (ОППо) отражает величину трансфертов потребителям ископаемых видов топлива, независимо от характера трансфертов, их целей и влияния на потребление.

[3] Оценка поддержки общего назначения (ОПОН) – величина трансфертов, возникших в связи с мерами политики, которые создают благоприятные условия для сектора ископаемых видов топлива. Эти условия создаются путем развития частных или государственных услуг, институтов и инфраструктуры, независимо от их целей и влияния на производство и/или потребление ископаемых видов топлива. В ОПОН входят меры политики, предоставляющие определенную выгоду ископаемым видам топлива, но не учитываются платежи отдельным производителям. Трансферты, отнесенные к ОПОН, непосредственно не меняют поступлений и затрат производителя или расходов на потребление, хотя они могут повлиять на производство или потребление ископаемых видов топлива в долгосрочной перспективе.

[4] Более детальная информация доступна по ссылке: http://wds.iea.org/wds/pdf/WORLDBAL_Documentation.pdf.

www.ingramcontent.com/pod-product-compliance
Lightning Source LLC
Chambersburg PA
CBHW082351220526
45470CB00008B/2711